Das Schildbürgerbuch von 1598

Das Schildbürgerbuch von 1598

Neu bearbeitet
und seinem Ursprung nach
gedeutet von
Ruth Kraft

Mit Zeichnungen von
Fritz Koch-Gotha

Hinstorff Verlag Rostock

ISBN 3-356-00052-7

3. Auflage 1989
Lizenz-Nr. 391/240/52/89
Printed in the German Democratic Republic
Schutzumschlag von Fritz Koch-Gotha
Herstellung: Karl-Marx-Werk Pößneck V15/30
Bestell-Nr. 522 730 5

00750

Der Schildbürger

*wunderseltsame, abenteuerliche, unerhörte
und bisher unbeschriebene Geschichten und Taten
der obgemeldeten Schildbürger,
in Misnopotamia hinter Utopia gelegen.*

*Jetzund also frisch männiglichen
zu ehrlicher Zeitverkürzung,
aus unbekannten Autoren zusammengetragen
und aus Utopischer, auch Rothwelscher
in Deutsche Sprache gesetzt.*

*Aufs neue gemehrt und gebessert durch M. Aleph,
Beth, Gimel, der Festung Ypsilon Bürger Amtmann.*

*Die Buchstaben, so zu viel sind,
nimm aus, wirf sie hinweg geschwind,
und was dir bleibt, setz' recht zusammen,
so hast du des Autoris Namen.*

Vorrede an den Leser

Es mag verwunderlich erscheinen, daß die folgende Historie von den fremden ausländischen Schildbürgern bisher so wenig ruchbar geworden, da doch im allgemeinen nichts verborgen bleibt, was an Denkwürdigem aufgezeichnet ist. Den Schildbürgern selbst kann man nicht die Schuld daran geben, denn sie haben über ihren wichtigen Geschäften und angestrengtem Nachdenken des Aufzeichnens wenig geachtet, hingegen auf andere bedeutsame Weise Kunde von sich auf ihre Nachkommen gebracht.

In den weichen Lehm der Grabsteine haben sie die Verdienste ihrer Verstorbenen mit den Fingern sorgsam eingezeichnet. Schon daraus ist ihr hoher Verstand ersichtlich, daß sie zu diesem Zwecke den Lehm nicht erst hart werden ließen. Sie hätten sonst müssen die Inschriften mit dem Dorfhüter-Kolben, welcher unten einen Stachel hat und einen halben Zentner, 3 Quentlein und 72 Gran schwer wiegt, oder mit der Heugabel in die Grabsteine ritzen.

Ihre Sache blieb so lange unbekannt in der Welt, bis der Kaiser – oder König? – von Utopia, der gleichfalls von breitem Verstande war, von ihnen geträumt hat. Er beauftragte sogleich drei seiner vornehmsten Räte, einen Scherenschleifer, einen Häckselschneider und einen Schornsteinfeger, auszuziehen und immer weiter zu wandern, über Utopia hinaus, bis sie in einer Landschaft jemanden anträfen, der ihnen ebenbürtig dünkte an hohem und breitem Verstande.

Da haben die drei obgenannten Gesandten kurzerhand ihr Handwerkszeug auf den Rücken genommen und sind nach langer Reise hinter Kalekutia angekommen. Als sie sich dort umsahen, rief der Schultheiß mit Namen Seufried Lödel gerade seine Untertanen zusammen. Einige verspäteten sich, worüber der Schultheiß sehr zornig wurde und das Sau-Horn an den Mund setzte. Er blies dermaßen darauf, daß er ganz schwarz wurde. Da liefen die Säumigen so eilig herbei, daß ihnen schier die Puste ausging. Das gefiel dem Schultheißen wohl, und er sagte gar gravitätisch:

»So also muß man euch Herren herbeilocken! Was seid ihr doch für grobe Knollen.«

Es war aber an der Zeit, daß die Schweine ausgetrieben werden sollten. Dieses Amt übernahm der Vize-Schweinehirt, bis der Schweinehirt-Schultheiß mit seinen Ratsangelegenheiten fertig war. Als die Schweine am Rathaus vorüberzogen, rieben sie sich an den vier Ecken, so daß das ganze Rathaus erschüttert wurde und in Gefahr geriet umzufallen. Geschwind mußten darum die anwesenden Ratsherren mit ihren Hüten, denn Kolben hatten sie nicht, die Schweine abwehren. Dann endlich haben sie sich zu Rate begeben.

Sie hatten aber keine Stiege am Rathaus, deshalb war des Schultheißen Knecht inzwischen hinaufgeklettert. Er ließ ein Seil mit einem starken Knebel herunter, auf welchen sich einer nach dem anderen setzen mußte, um vermittels einer Rolle hinaufgewunden zu werden.

Die drei fremden Abgesandten standen da mit offenem Maul. Wie sinnvoll war doch alles hier eingerichtet! Es dünkte sie, am rechten Ort zu sein. Um in der Schildbürger Weisheit noch mehr eindringen zu können, gingen sie zunächst auf den Kirchhof und besahen sich die Grabsteine.

Nach längerem Sinnen erkannten sie auch die Bedeutung der darin eingegrabenen Zeichen. Diese taten kund, worauf sich ein jeder bei Lebzeiten besonders gut verstanden hatte. Wo eine Mistgabel dargestellt war, hatte jener wohl mit Mist umzugehen gewußt, und wo man ein S. las, konnte man schließen, daß dieser in den Schweineställen Ordnung gehalten habe und dergleichen.

Nach dieser Entdeckung verfügten sich die Abgesandten ins Rathaus und begehrten Audienz beim Schultheißen. Die wurde ihnen, nach langem Bedenken, untertänig gewährt.

Also haben sie sich hintereinander auf den Knebel gesetzt und sich hinaufwinden lassen.
Der Scherenschleifer hat, nach vielen Verbeugungen, das Wort ergriffen und zu einer kunstreichen Rede angesetzt. Doch nach wenigen Sätzen bekam er durch den schweren Schleifstein auf seinem Rücken das Übergewicht; er fiel rückwärts hinunter und schlug so hart auf, daß er das Weiterreden vergaß.
Als er sich ein bißchen erholt hatte, baten ihn die Schildbürger, in seiner angefangenen Rede fortzufahren. Er aber konnte sich nicht regen. Da merkten sie, daß er sich eine Rippe entzweigefallen hatte.
Geschwind hielten sie Rat, wie ihm zu helfen wäre. Sie knebelten ihn wieder herauf und ließen ihn ein zweitesmal hinunterfallen; so, meinten sie, fiele er die Rippe wieder zurecht. Und dann ermahnten sie ihn abermals, in seiner Rede fortzufahren.
»Ach, sie ist mir vor Schreck entfallen«, antwortete der Gesandte.
Nun hatten sie nichts Eiligeres zu tun als heimzulaufen und Hacken, Spaten oder was sie sonst zu packen kriegten, herbeizuholen, um nach der entfallenen Rede zu suchen. Nachdem sie etliche Klafter tief gegraben hatten, fanden sie nichts, bedauerlicherweise, überlegten jedoch, ob man das Loch nicht zu etwas anderem gebrauchen könnte.
Sie beschlossen, einen Brunnen daraus zu machen. Um die Tiefe auszumessen, legten sie eine Stange über das Loch. Daran hängte sich ein Schildbürger mit beiden Händen, an dessen Füße der nächste; und so immer weiter einer an des anderen Füße. Schließlich wurde dem obersten die Last zu schwer, und er rief den Daranhängenden zu:
»Haltet euch fest, liebe Nachbarn, ich muß nur mal schnell in die Hände spucken.«
Danach hat er aber die Stange nicht wieder erreichen kön-

nen, und es fielen alle auf einen Haufen über- und durcheinander.

So etwas kann jedem mal passieren. Was aber sollte nun mit der ausgegrabenen Erde geschehen? Nach langem Umherfragen machte einer den Vorschlag, ein neues Loch zu graben und die Erde dahinein zu tun.

Die anderen sahen verblüfft einander an. Sie dachten weiter darüber nach, und schließlich meinte einer:

»Wo sollen wir aber mit der Erde hin, die wir aus dem neuen Loch graben werden?«

Flugs bekam er zur Antwort: »Ei, was seid ihr für Narren! Man muß das Loch desto größer machen, damit sie auch noch hineingeht.«

Als das die drei Abgesandten hörten, sind sie, tief beschämt über ihren eigenen geringen Verstand, verglichen mit so viel vorgefundener Weisheit, wieder davongezogen und haben ihrem Kaiser Bericht erstattet. Gleichwohl haben sie kundgetan, daß sie sich aufs neue hinwagen wollten, um noch mehr über jene Leute zu erfahren und um so mehr Verstand mit nach Hause zu bringen.

1. Kapitel

Von dem Ursprung, Herkommen und Namen der Schildbürger zu Schilda, in Misnopotamia gelegen.

Es galt bei den Alten vor vielen hundert Jahren ein Spruch, den wir auch zu diesen unseren Zeiten noch anwenden können:

> Eltern, wie die geartet sind,
> so sind gemeinlich ihre Kind';
> sind sie mit Tugenden begabt,
> an Kindern ihr desgleichen habt.
> Kein guter Baum gibt böse Frucht;
> der Mutter nach schlägt gern die Zucht.
> Ein gutes Kalb, ein' gute Kuh:
> Das Junge tut's gern dem Vater zu.
> Hat denn der Adler, hoch von Mut,
> furchtsame Tauben je gebrut't?
> Doch merk mich recht, merk mich mit Fleiß:
> Was man nicht wäscht, wird selten weiß.

Eben das kann von den Bürgern zu Schilda (welcher Ort hinter Kalekut in dem großmächtigen Königreich Misnopotamia gelegen) zu ihrem Lob und Ruhm mit gutem Recht gesagt werden. Denn auch sie sind in ihrer Voreltern Fußstapfen getreten und mitnichten abgewichen, bis die große Not, die gänzlich unvorhergesehen war, sie genötigt hat, einen anderen Weg zu suchen.
Da alle Geschichtsregister und Chroniken in der großen Feuersbrunst, worüber hernach noch etliches vermeldet werden soll, vernichtet worden sind, müssen wir uns an die mündliche Überlieferung halten. Doch steckt im öffentlichen Gerede, wiewohl manches aufge-

bauscht wird, ein gut Teil Wahrheit. Gehen wir also davon aus, daß die Vorfahren der Schildbürger aus Griechenland eingewandert sind, ja daß sie, wie es heißt, von einem der weisen Meister abstammen. Im Hinblick auf ihre edle Art und große Klugheit ist das durchaus glaubhaft. Wenn sie auch den Namen ihres weisen Ahnherrn nicht kennen, so kann man doch mutmaßen, daß jener nicht der Geringste gewesen ist. Man findet in der Geschichte Griechenlands manchen edlen Namen, der aus seinem Vaterlande fliehen und in der Fremde sein Leben beschließen mußte, wie Lykurgus, Theseus, Solon und andere. Auf diese Art mag auch jener weise Grieche in das Land Misnopotamia gekommen sein und sich mit Weib und Kind niedergelassen haben. An den Nachkommen ist wahr geworden, was oben vermeldet und auch in einem anderen Sprichwort gesagt wird:

Der Apfel fällt nicht weit vom Stamme,
dem Kinde bleibt des Vaters Name.

Denn sie schlugen ihrem Vater nach an Weisheit und Verstand. Um aber der Griechen Undankbarkeit nicht wieder erleben zu müssen, denn gebranntes Kind scheut das Feuer, beschlossen sie, in Misnopotamia feste Wohnung zu nehmen, sich mit der Feldarbeit und dem Vieh zu begnügen, in Frieden beieinander zu bleiben und sich um fremde Geschäfte möglichst wenig zu bekümmern.

2. Kapitel

Von großer Weisheit und hohem Verstand der Schildbürger.

Nachdem wir hörten, daß der erste Schildbürger ein so hochweiser und verständiger Mann war, können wir mutmaßen, daß er seine Kinder nicht hat verwildern lassen, sondern ihnen ein strenger Vater gewesen ist. In der Welt, die so groß und weit ist, daß man zu damaliger Zeit deren Ende noch nicht gefunden, waren die klugen Leute gar dünn gesät, und wer sich an Weisheit und Verstand hervortat, wurde mit Recht bestaunt; während sich heutzutage jeder Tor klug dünkt und gerade die Narren für weise gehalten werden wollen.

Der Ruhm ihres hohen Verstandes breitete sich bald im ganzen Lande aus, wie denn ein Licht sich nicht so leicht verbergen läßt, sondern allzeit hervorleuchtet und seine Strahlen von sich wirft. So geschah es, daß Kaiser, Könige, Fürsten und Herren aus fern gelegenen Orten ihre Boten nach Schilda sandten, wo guter Rat im Überfluß zu finden war. Zwar ist Weisheit nicht mit Geld und Gut aufzuwiegen, doch waren die Ehrengeschenke nicht zu verachten.

Schließlich konnten die Fürsten der Schildbürger Rat bei den täglichen Geschäften gar nicht mehr entbehren, und jeder wollte einen solchen weisen Mann bei Hofe und an seiner Tafel haben. Denn sollte, wer sich zu Guten und Weisen gesellt, nicht auch gut und weise werden? Dies war die Ursache, daß die Schildbürger nach und nach alle in fremde, weit entlegene Lande beordert wurden. Also mußten an ihrer Statt die Frauen für die Feldbestellung und das Vieh sorgen.

Zwar greifen die Weiber ihren Männern nicht ungern

nach dem Bart, doch richten sie in der Arbeit wenig aus, wie sehr sie sich auch mühen und zappeln. Zu unterschiedlich ist der Männer Arbeit von dem, was die Frauen zuwege bringen. Alle Männer zusammen können kein einziges Kindlein gebären, wie klein es auch sei. Andererseits nützte es den Weibern wenig, sich einzureden, daß sie nun Meister wären, beim Bauen und auf dem Acker, wie eben der Spruch vermeldet:

Des Herren Tritt den Acker düngt,
des Herren Aug' das Vieh verjüngt;
des Herren Gegenwärtigkeit
hält in Gehorsam Knecht und Maid;
und wo der Herr nicht selbst kommt hin,
da ist gewißlich schlechter Gewinn.

Kurzum, in Schilda ging es um so mehr abwärts, je eifriger die braven Schildbürger bereit waren, jedermann zu dienen. Und das taten sie nicht um des lieben Geldes willen, sondern wegen der allgemeinen Wohlfahrt. Schließlich erging es ihnen so, wie einem, der Frieden stiften will zwischen zweien, die sich balgen:

Wer Balger gerne scheidet,
am ersten wird geleidet.
Getreuer Dienst gibt bösen Lohn,
Undank, sonst nichts, hat man davon.

3. Kapitel

Wie die Weiber zu Schilda Rat fassen, ihre Männer wiederum heim zu fordern.

Es ist schon ein seltsam Ding, daß aus der Absonderung von Männern und Weibern immer Ungemach und Schaden entsteht. Im Leben ist es so eingerichtet, daß eins dem anderen die Hand reichen muß, wenn die Arbeit vorangehen soll. Ein Mann, der keine ordentliche Haushaltung im kleinen hat, kommt auch mit der großen nicht zurecht. Denn, wie es im Sprichwort heißt: Wo der Hagel in die Küche schlägt, trifft er überall hin.

Wo ein Mann ist, aber kein Weib,
da ist ein Haupt, doch ohne Leib,
und wo ein Weib ist ohne Mann,
da ist der Leib, kein Haupt daran.

Daher also, weil keins ohne das andere bestehen kann, so daß eins das andere sucht und begehrt, und insbesondere wegen des Ungemachs in Ämtern und Gewerbe, beratschlagte die ganze weibliche Gemeinde, wie man das Wohl der Stadt, deren Regiment sie jetzt zu führen hatte, am besten fördern und ihrem gemeinsamen Untergang und Verderben am klügsten entgegentreten könnte.

Nach langem Bedenken und vielem Geschnatter und Geschwätz kamen sie schließlich überein, ihre Männer so schnell wie möglich heimzuberufen. Zu diesem Zweck verfaßten sie einen Brief, den sie durch sichere Boten überallhin schickten, wo ihre Männer waren. Der Brief lautete folgendermaßen:

4. Kapitel

Abschrift des Briefes, den die Weiber zu Schilda an ihre Männer gesendet.

Wir, die ganze weibliche Gemeinde zu Schilda, entbieten Euch, unseren getreuen, herzlieben Ehemännern samt und sonders unseren Gruß und geben Euch hiermit zu wissen:

Wegen Eurer großen Weisheit und Verstand, die Gott Lob und Dank unserem ganzen Geschlecht eigen ist, haben Euch selbst entfernt wohnende Fürsten und Herren zu sich beordert, um Euren Rat zu hören. Sie mögen wünschen, Euch lange bei sich zu behalten und werden Euch mit Versprechungen einzufangen wissen, so daß Ihr gar nimmer loskommen und Euer Leben dort beschließen werdet, ferne von Weib und Kindern, von Haus und Hof und allem, was Euch lieb und angenehm ist. Damit ist aber unseren Sachen zu Hause weder geraten noch geholfen, denn alles verschlechtert sich daheim, ob es die Felder sind, aus denen wir unsere Nahrung ziehen, das Vieh, welches verwildert, das Gesinde, das ungehorsam wird, oder die Kinder, die mutwillig werden. Von anderem Ungemach, das aus Eurer Abwesenheit entsteht, wie Ihr nach Eurer Weisheit und hohem Verstand selber ermessen könnt, ganz zu schweigen.

Um nun unser Geschlecht der Schildbürger nicht verkommen zu lassen, glauben wir es Euch schuldig zu sein, Euch hiermit Eures Amtes und Eurer Pflicht zu erinnern und zur Heimkehr zu mahnen. Möget Ihr auch daran denken, daß wir, Eure armen Weiber, denen Ihr Treu und Glauben zu halten versprochen habt, nun schon so lange Zeit so ganz verlassen gewesen sind, als

hätten wir nie jemals etwas miteinander weder zu schikken noch zu schaffen gehabt, die wir doch Euer eigen Fleisch und Blut unter unsern Herzen getragen. Bedenket, die Kinder fangen bereits an zu fragen, wer ihre Väter seien. Welchen Dank hättet Ihr wohl zu erwarten, wenn sie erwachsen sind und von uns vernehmen, wie sie von Euch trost- und hilflos verlassen und dem Verderben ausgeliefert wurden?
Fürwahr, das Glück ist kugelrund und wankelbar. Habt Ihr nie den alten Spruch gehört:

Jungfrauenlieb' und Rosenblätter,
der Herren Gunst, Aprillenwetter,
falsch' Würfel und ein Kartenspiel
verkehrn sich bald, wer's glauben will.

Vermeint Ihr, daß der Fürsten und Herren Gunst beständig und allezeit Euch zugeneigt sein wird? Die alten Hunde, wenn sie sich mit Jagen abgearbeitet und ausgedient haben, pflegt der Jäger am nächsten Baum aufzuhängen. Das ist der Lohn für ihre treuen Dienste.
Daheim könntet Ihr in Freiheit, Ruhe und Frieden leben, die Früchte Eurer Güter genießen und Euch der Gesellschaft Eurer Familie, Freunde und Verwandten freuen. Es ist schon recht, daß man fremden Leuten dienen soll und muß, jedoch ist das auch von Zuhause aus möglich. Wer Euer bedarf, der wird Euch schon suchen und zu finden wissen, oder Ihr tut ihm nicht sonderlich not.
Das alles werdet Ihr, liebe Männer, viel besser betrachten und erwägen, als wir es schreiben können. Es gäbe noch viel mehr Ursachen zu vermelden, die Euch bewegen müßten, heimzukehren. Wir beschließen diesen Brief in der Hoffnung, daß unser Erinnern und unsere Ermahnung Euer Gewissen aufrührt, auf daß Ihr Euch

unverzüglich aufmachen werdet, wollt Ihr nicht bald fremde Vögel in Eurem Neste sehen, die zu Euch sprechen: Vor der Tür ist draußen! Darum seid vor Schaden gewarnt.
Beschlossen und gegeben zu Schilda mit Eurem Siegel, welches Euch und nicht uns Weibern zu verwahren anstünde, versiegelt und verwahrt, auf Jahr und Tag.

5. Kapitel

Wie die Männer nach empfangenem Schreiben wieder heimkehrten.

Als das Schreiben den Männern ausgehändigt worden und sie es aufmerksam gelesen hatten, ward ihnen das Herz schmerzlich berührt. Sie gingen in sich und fanden, daß ihre Frauen recht hatten. Darum erbaten sie sogleich ihren Abschied, damit sie heimkehren und ihre Hausgeschäfte in Ordnung bringen könnten. Ihre Herren ließen sie, wenn auch recht ungern, ziehen. Sie mußten versprechen, falls man ihrer in Zukunft bedürfe, wieder bereit zu sein.
Also kamen die Schildbürger nach langer Abwesenheit heim, geehrt und reich beschenkt. Ist doch ein weiser Mann aller Ehren und allen Gutes wert, und es wäre nicht zu viel, würde man ihn mit Gold aufwiegen. Sie fanden bei ihrer Rückkehr eine größere Unordnung vor, als sie für möglich gehalten. Doch die Stadt Rom, zu deren Bau so viele Jahre nötig waren, kann wohl ebensogut in einem Tag zerstört werden.
Die Schildbürgerinnen waren über die Ankunft ihrer Männer froh; allerdings fiel der Empfang, je nach ihrer

Natur, recht unterschiedlich aus. Etliche begrüßten die Heimgekehrten freundlich und lieb, andere dagegen fuhren ihre Männer rauh an und sparten nicht mit spitzen Reden. Doch schließlich waren alle miteinander fröhlich und feierten Freudenfeste. Wenn aber die Weiber ins Schimpfen gekommen sind, hören sie nicht gleich wieder auf. Sie hielten ihren Männern vor, wie notwendig ihre Heimkehr gewesen sei wegen des Feldes, Viehs und Gesindes, und verlangten nun, sie mögen das Versäumte nachholen und sich fortan nur um ihr Gewerbe kümmern. Das versprachen ihnen die Männer auf Ehr' und Treu'.
Daraufhin traten die Schildbürger zusammen und beratschlagten, was zu tun sei, um von den ausländischen Herren nicht wieder hinwegbeordert und mit deren Anliegen geplagt zu werden. Die Sache war so wichtig, daß sie einen eigenen Tag dafür benötigten, zumal es schon spät war und man sich an weisen Reden, lieblicher als Honig, desgleichen mit Speis' und Trank zur Genüge ergötzt hatte. Denn die Weisen überfressen und besaufen sich nicht wie die Toren. Also ging ein jeder in sein Haus, und wer müde war, kroch zufrieden in die Federn, sofern sie ihm wohlbereitet waren.

6. Kapitel

Wie die weisen Schildbürger Rat hielten und sich eine närrische Weise anzunehmen endlich entschlossen.

Am folgenden Tage verfügten sich die Schildbürger unter die Linde, um Rat zu halten. Das war der Platz, wo zur Sommerszeit die Gemeindeversammlungen stattfanden. Im Winter waren Rathaus und Wirtshaus eins, und der Sitz hinterm Ofen war der Richterstuhl. Der Schultheiß hielt nun mit seinen Geschworenen Gericht und behandelte in kurzer Zeit viele strittige Sachen, die sich während ihrer Abwesenheit ergeben hatten, denn als weise und gerechte Leute brauchten sie nicht so langes Bedenken, wie es heutzutage viele Richter nötig haben.

Nachdem die Gerichtssitzung beendet war, nahmen auch die Gemeindemitglieder an der Versammlung teil, und man kam zum Hauptpunkt, nämlich was zu tun sei, daß jeder bei den Seinen bleiben könne und nicht wieder Haus und Hof im Stich lassen müsse. Zuerst erwogen sie den großen Schaden und die Ungelegenheiten, die ihre lange Abwesenheit verursacht hatte, und verglichen es mit dem Nutzen, den sie bei ihrem Dienst von den ausländischen Herren davongetragen. Sie befanden einhellig, daß der Schaden bei weitem überwiege.

So wurde eine Umfrage getan, wie man sich nun verhalten wolle. Da hätte man nur die weisen und hochverständigen Ratschläge hören sollen, die von allen Seiten vorgebracht wurden. Etliche meinten, man solle sich fremder Herren gar nicht mehr annehmen, ihnen aus dem Wege gehen und auf jede Gemeinschaft mit ihnen

verzichten. Andere rieten, sich nicht gar zu plötzlich von ihnen abzuwenden, sondern sich kühl zu verhalten und schlechte Ratschläge zu geben. Jene würden dann von selber abspringen. Doch was auch vorgebracht wurde in der Sache, es wollte sich nicht recht schicken, und sie kamen zu keinem Entschluß. Zuguterletzt rückte ein alter Schildbürger mit seiner Meinung heraus.

Da die hohe Weisheit und der große Verstand aller die alleinige Ursache wäre, um derentwillen sie von Hause fortgemußt und hier- und dahin beordert wären, ohne Rücksicht darauf, daß ihnen derweil kein Speck in der Küche wachsen konnte (wie man sagt) so dünke ihn in ihrer widerwärtigen Lage das Beste wie folgt: Weil die Weisheit einzig und allein die Ursache ihrer Abwesenheit war, so würde das Gegenteil davon, nämlich die Torheit oder Narrheit, sie vor denen beschirmen, die sie immer von Hause abberufen hätten. Wie man sie vordem wegen ihrer Weisheit in fremde Lande geholt habe, so werde man sie wegen des Aberwitzes und der Torheit wohl daheim lassen. Man müsse sich also konsequent ins Gegenteil begeben. Alle sollten einhellig anfangen, niemand ausgeschlossen, Weiber und Kinder, Junge und Alte inbegriffen, die allerwunderbarnarr-seltsam-abenteuerlichsten Possen zu reißen, soviel ihnen nur einfallen würden. Sobald einem etwas Närrisches in den Sinn käme, solle er es nur tun.

Angesichts ihrer großen Weisheit würde es ihnen an guten Einfällen sicher nicht mangeln. Wie auch allgemein bekannt sei, daß man für die Rolle eines Narren, zum Beispiel in Komödien, immer die weisesten und geschicktesten Personen auswählte, weil es gar keine geringe Kunst sei, einen Narren richtig darzustellen. Wer freilich dafür die rechten Griffe nicht wüßte, dem

mißlänge das Unternehmen, und er würde zum Narren sein Leben lang. Er glaube jedoch nicht, daß es jemandem schädlich oder nachteilig sein werde, denn man wisse ja: der Kuckuck behält seinen Gesang, die Glock' ihren Klang und der Krebs seinen Gang.
All das gab der alte Schildbürger in langer, zierlicher Rede bekannt, die ich nicht weiter auszuführen brauche.
Dieser ganz neuartige Rat wurde mit großem Ernst und Eifer erwogen und allseitig beredet. Weil die Angelegenheit sehr wichtig und schwerwiegend war, es hing ja die Wohlfahrt aller daran, wollte man nichts überstürzen.

Gut Ding muß haben gute Weil';
Erst wäg's, dann wag's, so triffst das Ziel.
Eilen zu sehr tät' niemals gut;
gemach gehn man auch weit kommen tut.

Da sich schließlich alle einig waren, daß nichts Nachteiliges für sie daraus entstehen könnte, faßten sie einhellig den Beschluß, den letzten Vorschlag ins Werk zu setzen. Sie gingen auseinander mit der Verabredung, daß jeder sich überlegen sollte, was fürs erste zu tun und bei welchem Zipfel die Narrenkappe anzupacken wäre. Zweifellos bedauerte so mancher insgeheim, daß er auf seine alten Tage, nachdem er so viele Jahre klug und witzig gewesen, zum Narren werden sollte. Aber in Anbetracht des allgemeinen Nutzens, wofür jeder sogar sein Leben geopfert hätte, waren sie willig, ihrer Weisheit zu entsagen und andere Saiten aufzuziehen.
Hiermit hat der Teil der Geschichte, welcher von der Schildbürger Weisheit handelt, ein Ende, und es folgt der Narrenteil.

Nun kommet her, ihr lieben Knaben,
die ihr begehret, Platz zu haben,
zu sehen folgendes Schildenspiel:
Einen Platz ich jedem geben will
nach seiner Würde, nach seinen Ehren.
Bitt', wöllt' sich deshalb keiner sperren.
Das welsch Gramanzen taugt hier nicht,
nach Landesbrauch sich jeder richt'.
Wer sich nicht schicket recht zu'n Sachen,
den wolln wir auch zum Schildbürger machen.

7. Kapitel

Wie die Schildbürger Rates einig wurden,
ein neues Rathaus zu bauen.

Als in den folgenden Tagen wegen der obgenannten wichtigen Vereinbarung die Gemeinde noch einmal zusammentrat und Rat hielt, was für eine Torheit wohl würdig wäre, das andersgeartete Regiment zu eröffnen, auf daß es recht bald überall ruchbar würde, beschlossen sie, als glückhaften Anfang ihrer veränderten Lebensweise ein neues Rathaus zu bauen. Und zwar eins, das ihrer Narrheit gemäß wäre und sie ertragen würde.

So ganz ungereimt war dieser Einfall nicht, aber sie wollten auch die Narrheit nicht gleich haufenweise hervorbrechen lassen, denn so, mit einem Male und auf einen Ruck, könnte ihre angenommene Torheit leicht durchschaut werden. Darum wollten sie mit dem Narren wohlweislich noch eine Zeitlang hinterm Berge hal-

ten, bis sie nach und nach Gelegenheit hätten, ihn sachte hervorzukehren.
Sie begannen sogleich mit den Vorarbeiten für den Bau des Rathauses. Als die Ämter alle verteilt waren und alles verabredet und geordnet schien, was zu einem so wichtigen Werke notwendig war, fehlte ihnen nur noch ein Flötenspieler oder Geiger, auf dessen lieblichen Gesang und Klang Holz und Steine herbeigelaufen wären und sich fein ordentlich zu einem Bau gefügt hätten. So ähnlich schrieben die alten Chronisten über den griechischen Orpheus, der mit dem Klang seiner Harfe nicht nur die Vögel und wilden Tiere, sondern auch Bäume und ganze Wälder, ja sogar die Berge gefügig gemacht haben sollte. Selbst große Wasserläufe sollen stillgestanden haben, um sich an seinem Gesang zu ergötzen.
Ähnliches ist von Amphion zu lesen, der es mit dem lieblichen Klang seiner Harfe zuwege gebracht hat, daß ihm die Steine nachzogen, sich aufeinander fügten und daß die Ringmauern der Stadt Theben, in Böotia gelegen, mit hundert Toren und noch viel mehr Türmen, wie von selbst entstanden.
Einen solchen Musikanten hätten sie für ihr Vorhaben wohl brauchen können. Da sich aber keiner fand, der dies vermochte, vereinbarten sie, gemeinsam das Werk anzugreifen und nicht eher aufzuhören, als bis der Bau vollendet sei und sie ihn seiner Bestimmung gemäß benutzen könnten.

8. Kapitel

Wie die Schildbürger das Bauholz zu ihrem neuen Rathaus fällen.

Die Schildbürger hatten sich noch so viel Weisheit bewahrt, daß sie wußten, will man den Bau beginnen, muß man Bauholz und andere Sachen mehr haben. Wirkliche Narren hätten sich unterstanden, ohne Holz, Steine, Kalk und Sand zu bauen. Darum zogen sie alle einmütig ins Holz, das jenseits des Berges in einem Tal gelegen war, und fingen an, nach ihres Baumeisters Anweisungen das Bauholz zu fällen. Da es nun von Ästen befreit und zugerichtet war, wünschten sie sehr, daß sie eine Armbrust hätten, um es heimzuschießen; denn so, meinten sie, könnten sie sich viel Arbeit und Mühe ersparen. Aber:

Der Hätt'-ich und der Wollt'-ich,
desgleichen auch der Sollt'-ich
sind Brüder gewesen all',
gewannen doch nichts zumal.
Hätt'-ich und Wollt'-ich wenig hatten,
des Sollt'-ichs Brüder gar nichts taten.

Es blieb also den Schildbürgern nichts weiter übrig, als sich selber mit den schweren Stämmen zu beladen. Und mit vielfachem In-die-Hände-Spucken, Schnaufen und Japsen brachten sie schließlich die Bauhölzer den Berg hinauf und an der anderen Seite wieder hinunter. Das ging gut, bis auf das letzte. Das letzte banden sie, genau wie die anderen, auch an Seilen fest und brachten es mit Heben, Lüpfen, Schieben, Treiben, Stoßen, Rollen, Walzen, Schleifen, Tragen, Schürfen, Rutschen, Ziehen, Kehren, Winden und Wenden vor sich, hinter

sich, über sich, unter sich, neben sich, links und rechts, in die Länge, die Quere und schräg den Berg hinauf und auf der anderen Seite halb hinab.
Ich weiß nun nicht genau, ob das Holz nicht fest genug angebunden war oder ob die Stricke und Seile zu schwach gewesen und gerissen sind, jedenfalls entglitt ihnen der Baum, so daß sie ihn nicht mehr halten konnten, und fing an, fein gleichmäßig den Berg hinabzulaufen, bis er bei den anderen Hölzern im Tal still liegen blieb. Höchst überrascht blickten die Schildbürger dem rollenden Stamm nach und konnten sich nicht genug wundern über den Verstand des groben Holzes.
»Sind wir nicht alle große Narren und doppelte Zwölf-Esel«, sagte ein Schildbürger, »daß wir uns so viel Mühe gemacht haben, die Bäume den Berg hinabzubringen? Keinem von uns ist es eingefallen, daß ja die Bäume viel besser den Berg von allein hinablaufen, als wenn wir sie hinabschleifen oder -tragen. Aber von unserem eigenen Schaden werden wir Narren wohl noch klug werden!«
»Das werden wir gleich haben«, versetzte ein anderer Schildbürger, »noch ehe eine blinde Katze ein Auge auftut! Wenn wir die Bäume hinabgetragen haben, können wir sie auch wieder hinaufbalgen. Sodann lassen wir sie fein gemächlich hinunterrollen, haben beim Zusehen unsere Freude und werden entschädigt für unsere Mühe.«
Da machten alle rechte Eselsohren, und es schämte sich einer vor dem anderen, daß er nicht selber so gewitzt gewesen war, denn der Rat gefiel ihnen über die Maßen. Andererseits freuten sie sich, eine erste Probe ihrer angenommenen Torheit ablegen zu können. So stemmten sie sich mit dem Rücken gegen die Hölzer und hatten die dreifache Mühe als zuvor, weil sie durch das

häufige Auf- und Abschleppen gar abgemattet waren und kaum mehr konnten. Viel lieber wären sie ins Wirtshaus gegangen.
Zuguterletzt hatten sie alle Stämme wieder oben, bis auf einen. Alldieweil der schon von allein den halben Weg selbständig gemacht, zogen sie ihn nur halb hinauf. Und nachdem sie eine Weile verschnauft hatten, ließen sie einen Baum nach dem anderen hinabrollen. Sie aber standen droben und sahen wohlgefällig zu, höchst zufrieden über das erste Probestück ihrer Narrheit.
Weil es ihnen das erstemal so wohl gelungen, zogen sie ganz fröhlich heim und ins Wirtshaus. Und da sie sich für das gemeine Wohl abgemüht hatten, war es nur recht und billig, daß sie ein großes Loch in den Gemeindesäckel fraßen.

Nur der sollt' das gemeine Gut
verzehren, der's Gemeinwerk tut.
Wie würde er so köstlich leben
und dennoch keinen Schaden geben!
Wo aber solch Gut wird verzehrt
durch solche, die es nicht gemehrt,
noch minder helfen, es erhalten,
da muß doch nichts als Unglück walten!

9. Kapitel

Wie die Schildbürger ihr Rathaus gebaut und die Fenster vergessen haben.

Nachdem das Bauholz zusammengefügt und zurechtgezimmert und alles, was an Stein, Sand, Kalk und anderem dazugehört, herangeschafft war, begannen die Schildbürger gemeinsam ihren Bau mit großem Eifer, dem man ansah, daß es ihnen bitterernst damit war. So hatten sie in wenigen Tagen die drei Hauptmauern aufgeführt, denn sie hatten sich etwas Besonderes ausgedacht und wollten das Rathaus dreieckig haben.

An einer Seite ließen sie ein großes Tor, wo das Heu der Gemeinde eingefahren werden sollte. Dieses Heutor wurde ihrer aller Rettung. Falls diese Lücke nicht gewesen wäre, hätte nämlich der Schultheiß samt seinen Gerichts- und Ratsherren über das Dach ins Rathaus einsteigen müssen, was ihrer Narrheit wohl angemessen wäre, aber sehr unbequem, und ihren Beinen und Joppen recht zum Schaden gereicht hätte.

Nun machten sie sich an das Dach, das ebenfalls dreieckig aufgeteilt werden mußte, und setzten den Dachstuhl auf die Mauern. In der Meinung, das gemeinsame Werk bis auf das Dachdecken vollendet zu haben, ließen sie sich vom Wirt wiederum auf Gemeindekosten kräftig einschenken und verschoben das Eindecken auf den nächsten Tag, um von neuem einen Grund zum Feiern nach abermaliger Vollbringung gemeinsamen Werkes zu haben.

Der Schildbürger trinkt! Der Schildbürger trinkt!

Am folgenden Tage kamen sie gemeinlich wieder zusammen, als die Glocke sie rief. Denn vor dem Glockenzeichen darf sich niemand zur Arbeit begeben! Sie be-

gannen das Dach zu decken, und jeder bekam seinen Platz angewiesen. Einige kletterten zu oberst aufs Dach, andere blieben etwas niedriger auf den Latten, etliche stellten sich zu oberst auf die Leiter, andere ein Stück darunter, dann daneben ein Stück entfernt, und so fort, bis zum Ziegelhaufen, so daß jeder Ziegel durch die Hände aller Schildbürger ging, angefangen vom ersten, der ihn vom Haufen aufhob, bis zum letzten, der ihn an seinen Platz legte. Sie waren emsig wie Ameisen, die in der Sommerszeit ihre Speise für den Winter eintragen.
Weil man aber willige Rosse nicht überfordern soll, hatten sie verabredet, daß zu bestimmten Zeiten die Glocke geläutet würde, als Zeichen, daß die Arbeit zu unterbrechen sei, und zum Einzug ins Wirtshaus. So war es nicht verwunderlich, daß derjenige, der dem Ziegelhaufen am nächsten stand und den ersten Streich der Glocke hörte, den soeben aufgenommenen Ziegel wieder fallen ließ und in Windeseile (läufst du nicht, gewinnst du nichts) dem Wirtshaus zu rannte. Dasselbe taten auch die anderen. Bis auf den letzten liefen alle einander nach, wie die ziehenden Schneegänse, um ja keinen Trunk zu versäumen.
So war es üblich, daß diejenigen, die als letzte zur Arbeit gekommen, die ersten im Wirtshaus und die obersten hinterm Tisch waren. Bei den Zimmerleuten war es nicht anders. Hörte einer den Glockenton und hatte gerade die Axt gehoben, tat er den Streich nicht, sondern nahm sie gleich auf seine Achsel und: läufst du nicht, so trinkst du nicht!
Taten sie es, um desto schneller wieder ans Werk zu kommen, oder um recht lange bei Tische sitzen zu können? Was ist wohl am glaubhaftesten?
Nach vollendetem Werk wollten die Schildbürger ihr Rathaus mit vielen Ehren einweihen und sogleich in al-

ler Narren Namen versuchen, wie es sich Rat darin halten ließ. Aber als sie in aller Ehrbarkeit hineintraten, schau, guck, siehe, lug', Potz Velten, da war es ganz und gar finster! Ja, so finster, daß einer den anderen auch kaum hören konnte. Darüber erschraken sie nicht wenig und konnten sich nicht genug wundern, was denn die Ursache wäre. War etwa beim Bauen etwas versehen worden, was das Licht aufgehalten und hinausgetrieben hatte?

Also gingen sie zu ihrem Heutor wieder hinaus um nachzusehen, wo der Fehler wäre. Doch fanden sie ihre drei Mauern ganz und das Dach fein ordentlich darauf stehen. Draußen, wo Licht genug war, mangelte es an nichts. Sie gingen aber auch wieder hinein, um dort den Fehler zu entdecken, was ihnen wegen der Finsternis nicht gelang.

Wie sehr sie sich auch die närrischen Köpfe zerbrachen, die Ursache blieb ihnen verborgen. Weshalb sie große Ängste ausstanden und zur Klärung der Sache einen allgemeinen Ratstag ansetzten.

10. Kapitel

Wie die Schildbürger beratschlagten,
das Licht in ihr Rathaus zu tragen.

Als nun der Ratstag gekommen war, erschienen die Schildbürger vollzählig. Jeder hatte sich einen brennenden Kienspan mitgebracht, den er sich beim Niedersetzen auf den Hut steckte, damit der Schultheiß in dem finsteren Rathaus auch alle sehen und jeden bei der Umfrage mit Namen und Titel anreden konnte.

Die widersprüchlichsten Meinungen wurden laut, wie es in zweifelhaften Angelegenheiten üblich ist. Schließlich war die Mehrheit dafür, den ganzen Bau bis auf den Grund wieder abzubrechen, neu zu bauen und besser achtzugeben. Doch da meldete sich ein Schildbürger zu Wort, der vordem der allerweiseste gewesen war und nun als der allertörichtste gelten wollte.
Er habe, so sprach er, bevor er seine Weisheit abgelegt, oftmals gehört, daß man durch Exempel und Beispiel viel lehren, lernen und begreifen könne. Wie denn der Äsopus seine Lehre durch Fabeln in Gestalt kurzer Geschichten vor Augen gestellt, so wolle er erzählen, was sich mit seiner Großmutter Großvaters Bruders Sohnes Frau begeben habe.
»Zu meiner Großmutter Großvaters Bruders Sohn, Utis geheißen, sagte einmal einer: ›Ei, wie schmecken doch Rebhühner so gut.‹ — ›Hast du denn schon welche gegessen, daß du es so genau weißt?‹ entgegnete Utis. — ›Nein‹, sagte der andere, ›aber vor fünfzig Jahren hat es mir einer gesagt, dessen Großmutter Großvater in seiner Jugend zusah, wie ein Edelmann welche aß.‹ — Nun, bei solchen Reden kam meiner Großmutter Großvaters Bruders Sohn ein wahres Kindbetterin-Gelüst an auf etwas besonders Gutes, und da er keine Rebhühner haben konnte, sagte er zu seiner Frau Udena, sie solle ihm zarte Küchlein backen. Da sie jedoch weder Butter noch Schmalz im Hause hatte, wollte sie ihn auf später vertrösten. Er aber wollte sein Gelüst befriedigen und sich mit so dürrem, trockenem, magerem, ungesalzenem und ungeschmalzenem Bescheid nicht abweisen lassen. Wenn sie weder Butter noch Schmalz hätte, sollte sie es mit Wasser versuchen. ›Es wird schon gehen‹, sagte meiner Großmutter Großvaters Bruders Sohn, ›du hast es nur noch nie versucht. Will es dann

nicht geraten, so kannst du hernach sagen: es geht nicht!‹ – Schließlich, um ihre Ruhe zu haben, erfüllte Frau Udena sein Begehren. Sie rührte einen ganz dünnen Teig an, setzte die Pfanne mit Wasser übers Feuer und tat den Teig darein. Mitnichten wollte es sich schicken, daß Küchlein daraus wurden, dieweil der Teig im Wasser zu einem Mus zerfloß, worüber die Frau zornig wurde und dem unnütz vertanen Mehl, Holz und der Arbeit nachtrauerte.
Der Mann aber hätte gern das erstgebackene Küchlein warm aus der Pfanne gegessen, hielt seinen Teller hin und wurde ganz wehleidig. ›Schäm' dich‹, sprach meiner Großmutter Großvaters Bruders Sohnes Frau. ›Schau, hab ich dir nicht gesagt, es geht nicht? Aber immer willst du rechthaben und hast doch kein Fünkchen Ahnung, wie man Küchlein bäckt.‹ – ›Beruhige dich nur, meine Udena‹, sagte meiner Großmutter Großvaters Bruders Sohn, ›laß dich's nicht gereuen, daß du es versucht hast. Man versucht ein Ding auf so vielerlei Art, bis es zuletzt geraten muß. Es wäre ja eine feine, nützliche Kunst gewesen, wenn es ungefähr geraten wäre.‹ – Und diese Geschichte«, sprach der alte Schildbürger weiter, »sollten wir auf unser Vorhaben anwenden. Wer weiß denn, ob das Licht und der Tag sich nicht in einem Sack tragen lassen, gleichwie das Wasser in einem Eimer getragen wird. Keiner von uns hat es jemals versucht. Darum wollen wir als erste darangehen. Gerät es, so werden wir als Erfinder dieser Kunst großes Lob erjagen. Geht es aber nicht an, so ist es doch unserem Vorhaben, der Narrheit, ganz dienlich.«
Dieser Rat gefiel allen Schildbürgern sehr und über die Maßen, und sie gelobten, nach Mittag, da die Sonne am hellsten schiene, wiederzukommen mit einem Geschirr, worin man den Tag fassen und ins Rathaus tragen

könne. Für alle Fälle brachten etliche auch noch Picken, Schaufeln, Gabeln und anderes mit.

Sobald die Glocke Eins geschlagen, konnte man nur staunen, wie sie alle anfingen zu arbeiten. Manche hatten lange Säcke, ließen die Sonne hineinscheinen bis auf den Boden, knüpften sie dann eilends zu und liefen damit ins Haus, den Tag auszuschütten. Ja, sie redeten sich ein, die Säcke wären viel schwerer als zuvor, da sie leer gewesen.

Andere taten das gleiche mit verdeckten Gefäßen wie Häfen, Kesseln, Zubern, und was es dergleichen gibt. Einer lud das Tageslicht mit einer Strohgabel in einen Korb, der andere mit einer Schaufel. Etliche wollten es sogar aus der Erde ausgraben. Besonders ein Schildbürger soll nicht vergessen werden, welcher meinte, mit einer Mausefalle den Tag fangen und so, mit Gewalt bezwungen, ihn ins Haus tragen zu können. Daß ich's kurz mache: Jeder verhielt sich so, wie sein närrischer Kopf es ihm eingab.

Das trieben sie den ganzen Tag, solange die Sonne schien, mit einem Eifer und Ernst, daß sie darüber ermüdeten und in der Hitze nach einem Trunk lechzten. Aber sie richteten mit ihrer Arbeit ebensowenig aus wie vor Zeiten die ungeheuren Riesen, die viel große Berge übereinanderhäuften und den Himmel zu stürmen meinten. Darum sprachen die Schildbürger zuguterletzt:

»Es wäre schon eine feine Kunst gewesen, wenn's geraten wär'.« Sie zogen ab und hatten immerhin so viel dabei gewonnen, daß sie ins Wirtshaus gehen und sich auf Gemeindekosten beim Wein erquicken und erlaben durften.

11. Kapitel

Wie ein durchreisender Landstreicher den Schildbürgern Rat gab, den Tag in ihr Rathaus zu bringen.

Während die Schildbürger mit dieser Arbeit beschäftigt gewesen, kam von ungefähr ein fremder Wandersmann vorüber. Der kriegte vor Staunen sein Maul nicht wieder zu. Fast wäre er darüber selber zum Schildbürger geworden. Des Abends in der Herberge (die Neugier hielt ihn nämlich im Ort fest) erfuhr er von den Umstehenden, was sie im hellen Sonnenschein vorgehabt hatten. Der fremde Gesell war aber ein loser Vogel und mit allen Wassern gewaschen. Ob sie mit ihrem Werke etwas ausgerichtet hätten, wollte er wissen.

»Nicht ein Deutlein«, sagten die Schildbürger.

»Ihr habt die Sache eben falsch angepackt«, antwortete der Gesell, »ich hätte euch etwas anderes geraten.«

Da sie dies hörten, wurden sie froh und versprachen dem Fremden gute Belohnung, wenn er ihnen seinen Rat mitteilen wollte. Er vertröstete sie auf morgen, und die Schildbürger befahlen dem Wirt, tapfer aufzutragen, und was der Gesell verzehre, in der Gemeinde Kerbholz zu schneiden.

Also war der Fremde diese Nacht ihr Gast und zechte redlich, ohne Geld, was nur recht und billig war, sollte er doch fürderhin ihr Baumeister sein.

Als am folgenden Morgen die liebe Sonne den Schildbürgern den hellen lichten Tag wiedergebracht, führten sie den Gesellen zum Rathaus und besahen es mit allem Fleiß oben und unten, hinten und vorne, innen und außen. Der fremde Schalk hatte sich seinen Rat

längst überlegt. Er hieß einige aufs Dach steigen und die Ziegel wieder aufheben.
»Nun habt ihr den Tag in eurem Rathaus«, sprach er. »Laßt ihn drin, solange es euch gefällt. Wenn er euch im Wege ist, könnt ihr ihn wohl wieder daraus verjagen.«
Den Schildbürgern kam es gar nicht in den Sinn, daß es finster wie zuvor würde, sobald sie das Dach wieder zumachten. Sie nahmen es als eine gute Sache und hielten den ganzen Sommer über Rat darinnen. Der Künstler bekam aus dem Gemeindesäckel eine ehrliche Belohnung, und mit großem Dank ließen sie ihn davonziehen.
Der gute Gesell tat, was jeder andere arme Schlucker auch getan hätte: er zählte nicht lange nach und zog von dannen. Oft schaute er sich um, ob ihm nicht jemand nacheilte, ihm das Geld wieder abzujagen. Bis auf den heutigen Tag weiß niemand, wer oder woher er gewesen und wohin er gegangen ist. Die Schildbürger jedenfalls konnten von ihm sagen, daß sie als letztes seinen Rücken gesehen hatten.

12. Kapitel

Wie die Schildbürger die Ursache der Finsternis in ihrem Rathaus innewerden und sie abschaffen.

Die Schildbürger erfreute ihr neugebackenes Rathaus über alle Maßen, und sie hielten den ganzen Sommer lang fleißig Rat darinnen. Sie hatten Glück, daß es in jenem Sommer, wenn sie wichtige Sachen behandelten, die allgemeine Wohlfahrt, das Vaterland und dessen Verbesserung betreffend, nie geregnet hat. Inzwischen aber begann der liebliche Sommer sein schönes, lustiges Angesicht zu verbergen, dagegen streckte der leidige Winter seinen rauhen Schnabel hervor, und wie sich einer vor dem Regen gern unterm Wetterhut verkroch, so, meinten sie, müßte auch das Dach ein guter Regenhut fürs Rathaus sein, der sie vor Schnee und anderem Ungewitter wohl beschirmen würde. Also machten sie in aller Eile gemeinsam das Dach zu.

Als aber das Dach wieder eingedeckt war und sie ins Rathaus gehen wollten, siehe, da war es leider ebenso dunkel und finster darinnen wie zuvor, ehe sie von dem Wanderburschen die Tag-ins-Haus-zu-tragen-Ersparungs-Kunst-Erfindung gelernt hatten. Nun erst merkten sie, daß sie hinters Licht geführt und häßlich betrogen waren. Zu spät, den Beutel zuzuziehen, das Geld war weg. Also saßen sie wieder mit ihren Lichtspänen an den Hüten im Rate und glaubten nicht anders, als daß es immer so bleiben würde, solange ihr Rathaus stünde.

Einer von ihnen, der oftmals einen bösen Husten hatte, ging einmal von der Versammlung hinaus, um sich zu räuspern, wobei ihm sein Lichtspan erlosch. Indem er so in der Finsternis an der Wand hin und her tappt, wird er wie von ungefähr eines kleinen Risses in der Mauer gewahr; ein Spalt, der nicht zugemauert gewesen, also daß er seinen schönen Bart sehen kann. In diesem Augenblick erinnert er sich mit einem tiefen Seufzer seiner ehemaligen Weisheit, tritt wieder zu den anderen und spricht:

»Ihr lieben Nachbarn, mit Verlaub auf ein Wort. Wir sind doch gedippelgedoppelte Narren! Die närrische Weise, die wir angenommen, hat unsere angeborene

Weisheit derart ausgetrieben, daß wir die Unart nimmermehr loswerden können. Wahrhaftig ist uns die Gewohnheit schon zur zweiten Natur geworden: Consuetudo altera natura! Da haben wir so viel Kosten und Mühe an unser Rathaus gewendet, handeln uns Verachtung ein, weil wir den Mangel nicht finden, aber keiner von uns hat Witz genug, zu sehen, daß wir keine Fenster gemacht haben. Ein starkes Stück! Zumal am Anfang unserer Torheit, in die wir doch nicht so plump hineinplatschen wollten, daß jeder geborene Narr es merken kann.«

Bei dieser Rede fühlten sich alle wie vor den Kopf geschlagen. Sie sahen einander an, und einer schämte sich vor dem anderen wegen solch allzu grober Narrheit. Einmütig und ohne große Umfrage fingen sie an, die Rathausmauern an den verschiedensten Stellen zu durchbrechen, und kein Schildbürger, der nicht sein eigenes Loch haben wollte.

So wurde das Rathaus doch noch vollendet, bis auf das Inwendige, worüber in Bälde berichtet wird.

13. Kapitel

Wie die Schildbürger in ihrer Ratsstube das Eingeweide gemacht und den Stubenofen vergessen haben.

Nachdem die Schildbürger von der Last der vergessenen Fenster befreit waren, fingen sie an, das Eingeweide des Hauses zu machen und die Gemächer abzuschlagen. Unter anderen machten sie drei Stuben: die Witzstube, die Schwitzstube und die Bedenkstube. Die

waren am vordringlichsten, damit sie ungesäumt über wichtige Sachen beratschlagen konnten. So wurde das ganze dreieckige Rathaus aufs nützlichste ausgebaut und sodann zu aller Narren Ehre eingeweiht.
Als es aber kalt geworden war und sie Rats- und Gerichtstag halten wollten (wozu ihnen der Kuhhirt mit seinem Horn die Losung gegeben), bemerkten sie, daß sie den Ofen vergessen und auch keinen Raum dafür gelassen hatten, so daß sie nicht wußten, wohin mit den Scheiten Holz, die ein jeder mitgebracht hatte, um die Stube zu wärmen. Sie erschraken wiederum mehr denn über alle Maßen, ja geradezu grausam, und schalten sich untereinander elende Eselsköpfe, denen zumute war, als hätte ihnen einer in die Hände geschissen.
Wohin nun mit dem Ofen? Etliche meinten, ihn hinter die Tür zu setzen, da störe er am allerwenigsten. Aber der Schultheiß hatte von jeher seinen Sitz hinter dem Ofen, und es wäre lächerlich, wenn er hinter die Tür zu sitzen käme.
Schließlich, als die Sache lange genug erwogen war, riet einer, den Ofen vors Fenster hinaus zu setzen und ihn zur Stube hereingucken zu lassen. Das hätte den Vorteil, daß er bei Abstimmungen mitgezählt werden könnte. Wenn er auch nicht für eine Sache reden könne, so sei er doch auch niemals dagegen. Und weil der Schultheiß immer der nächste am Ofen sein müsse, damit ihm seine Weisheit nicht einfriere, solle der nächste Platz beim Fenster ihm gehören.
Dieser Rat wurde von allen Bänken einhellig gutgeheißen. Nur ein alter Abermann, der so voller Witz steckte wie ein Esel voll Fürzen, und der länger als die anderen närrisch gewesen war, rückte mit seinen Wenn-und-aber heraus.
»Aber«, sagte er, »von der Stiege will ich gar nicht re-

den, die aber zum Ofen führen müßte. Aber die Hitze, die aber in die Stube gehört, die aber aus dem Ofen hinausgeht, die wird uns aber nicht zunutze sein und aber verlorengehen.«

»Das ist Aberwitz, möchte ich sprechen«, sagte darauf ein anderer. »Nichts wird unnütz hinausgehen, wie man spricht. Ich habe daheim ein altes Hasengarn, das, möchte ich sprechen, will ich der Gemeinde stiften. Wir werden es vor das Ofentürlein hängen, möchte ich sprechen, um die Hitze im Ofen zu halten. Ich möchte sprechen, liebe Nachbarn, wir haben nichts Arges zu befürchten, sondern werden dabei tüchtig sieden und braten und die Äpfel in der Ofenkachel wenden, wie man sprechen möchte.«

Für solch wohlbeschlagenen Rat wurde der Schildbürger hoch gepriesen und seine Freigebigkeit ihm reichlich gedankt, indem er und seine Nachkommen für alle Zeiten den besten Platz hinterm Ofen neben der Äpfelkachel erhielten.

Also wurde der Ofen gemacht, das Rathaus vollendet und aufs neue mit Narren besetzt. (Fast muß ich befürchten, man holte mich dazu und gäbe mir ein Narren-Amt. Sagt man doch, ich tauge wohl zu solchem Ehrendienst!)

14. Kapitel

Wie die Schildbürger einen Acker mit Salz besät, damit es wachsen sollte.

Als nun das Rathaus in solcher Art aufgeführt und mit Narren besetzt war, kamen sie jeden Tag zusammen und bekümmerten sich um alle Sachen des Gemeinwesens mit all-ganz-inner-eifrigst-möglichstem Ernst. Auch dachten sie daran, einen Vorrat an Lebensmitteln zu hinterlegen, um in Zeiten der Not nicht auf die Gnade der Wucherer und Spekulierer (genannt Kornwürmer) angewiesen zu sein. Es steht ja einer hochverständigen Obrigkeit wohl an, die Untertanen, insbesondere die Armen, bei Teuerung vor dem unredlichen, blutsaugerischen Gewerbe der Kornwürmer zu bewahren. Bei drohender Kriegsgefahr wurde stets wohlfeiles Salz knapp. Da aber das Salz in der Küche ebenso wichtig ist wie der Mist auf dem Acker, erwogen die Schildbürger lang und breit, wie man zu eigenem Salz käme.
Endlich konnten sie einhellig beschließen: Sintemal kund und offenbar, daß der Zucker, welcher dem Salz nicht unähnlich sieht, auch wachse, müsse folglich das Salz gleichermaßen auf dem Felde wachsen, dieweil es ja aus Körnlein bestehe; heißt es doch allgemein: ein Körnlein Salz. Auch ist bekannt, daß andere Sachen wachsen, etwa Kälber, wenn man Käse setzt, und Hühner, wenn man Eier in den Boden steckt. So sei es das beste, ein großes Stück Gemeindeland umzubrechen und das Salz in Gottes Namen hineinzusäen. Denn hätten sie eigenes Salz, brauchten sie nicht vor Fremden kniefällig zu werden.
Voller Vertrauen auf reichlichen Segen von oben, bestellten sie also den Acker und scheuten nicht Kosten

noch Mühe, die wertvolle Saat zu behüten. An allen vier Ecken des Feldes stellten sie Hüter auf, jeder mit einem langen Vogelrohr in der Hand, um die Vögel abzuschießen, wenn sie das Salz, wie andere Saat, aufpikken wollten.

Es dauerte nicht lange, und der Acker fing aufs allerschönste an zu grünen. Darüber herrschte bei den Schildbürgern große Freude. Sie gingen alle Tage hinaus und redeten sich ein, es wachsen zu hören, wie andere Leute das Gras. Je mehr es wuchs, um so mehr wuchs auch ihre Hoffnung, daß ihnen diese Sache geraten wäre, und im stillen schleckte jeder bereits einen ganzen Scheffel Salz für sich allein aus.

Zur größeren Sicherung und besseren Verwahrung ihres Salzfeldes setzten sie zu den vier Hütern noch einen Bannwart ein. Falls Vieh, wie Rosse, Kühe, Schafe und besonders die leidigen Geißen, auf dem Acker äsen wollte, sollte er es nach Kräften davon stoßen, treiben, jagen, schlagen, puffen, klopfen, zwicken, scheuchen. Was jener ganz getreulich zu tun versprach.

15. Kapitel

Wie etliches Vieh auf den Acker gekommen und wie der Bannwart es heruntergetrieben hat.

Es ist schwer zu begreifen, wie der Bannwart, dieser lose Tropf, übersehen konnte, daß viel fremdes, unvernünftiges Vieh über den wohlbestellten Acker hergefallen ist und die grünenden Pflanzen schändlich zertreten hat. Es war ebenso schade um die herrlichen Salzkörnlein wie um das, was noch hätte daraus wachsen können. Doch als einmal das Vieh auf dem Acker herumsprang, wagte der Bannwart wohl nicht mehr, es auseinanderzutreiben, fürchtete er doch, mit seinen eigenen Füßen das heranwachsende Salz noch mehr zu verwüsten. Aufgeregt lief er gen Schilda, um dem Schultheiß und seinem Ehrwürdigen Rat den Schaden anzuzeigen.

Wie man dieser schwierigen Sache beikommen sollte, darüber zerbrachen sich die Ratsherren schier die Köpfe. Die vier Feldhüter mit den Vogelrohren durften ja das Vieh nicht wegscheuchen, weil sie nur für die Vögel zuständig waren. Der Fall wurde hin und her gewendet, in Breite und Länge untersucht, Krummes und Gerades, Ebenes und Unebenes erwogen und zuletzt einhellig beschlossen:

Es sollten ihrer vier vom Ehrwürdigen Gericht, vor denen das Vieh vielleicht mehr als vor einfachen Leuten scheuen würde, den Bannwart mit einer Gerte oder Rute in der Hand, auf einer Hürde sitzend, über den Acker tragen. So könnte der Bannwart seinen Schwur halten, daß durch ihn dem Salzfeld kein Schaden zugefügt werde.

Der unachtsame Bursche war mit solch gnädigem Urteil sehr zufrieden. Er kam sich auf seiner Hürde vor wie der Papst zu Rom und ließ sich herumtragen, bis das leidige Vieh gänzlich vertrieben war. (Wäre ich Bannwart gewesen, hätte es mir gewiß gefallen, wenn mir das alle Tage wenigstens zweimal widerfahren wäre!)

Also geschah dem heranwachsenden Salz von den vier Trägern kein Schaden, denn sie waren ja vom Ehrwürdigen Gericht. Und da ihnen der allgemeine Nutzen am Herzen lag, wußten sie mit ihren Quadratlatschen gar vorsichtig zu schreiten.

16. Kapitel

Wie das Salz gewachsen und reif geworden und die Schildbürger es nicht abschneiden konnten.

Das Salzkraut (wofür es die Schildbürger hielten) wuchs, blühte und wurde reif, üppig wie Unkraut. Einer aus der Gemeinde aber, den die Notdurft plötzlich ankam, entsann sich seiner früheren Weisheit und dachte, wie schade es sei, wenn ein solcher Schatz, welchen er in sich trug, verloren ginge. Er eilte also ohne Verzug, als flöge er davon, hin zum Acker, tausendmal dabei besorgt, er müßte etwas von der Kostbarkeit fallen lassen, die dem allgemeinen Nutzen zukommen sollte. Tapfer verkniff er es sich, verzettelte nicht das geringste Bißchen, hockte sich am Acker nieder und setzte einen Grenzstein, wie ihn die Bauern besonders in der Kirschenzeit fertigbringen.
Als er sein Sächlein gut gemacht hatte und auch ja nichts dahinten lassen wollte, erwischte er eine Handvoll Salzkraut. Das brannte ihn dermaßen am Hintern, daß er auf und ab lief wie nicht recht gescheit und lauthals schrie: »Es ist Leckerwerk! Leckerwerk ist es!« Darauf rannte er, als könne ihm jemand den Botenlohn streitig machen, nach Schilda hinein, läutete Sturm und rasselte die ganze Gemeinde mit der großen Glocke zusammen. Zitternd vor Begeisterung, weil das Salz so scharf sei, daß es ihn gebissen habe, beredete er sie alle, mit ihm auf den Acker zu gehen und in Ehrbarkeit es ihm nachzutun; der Schultheiß zuerst, hernach seine Geschworenen und dann die anderen.
Nachdem alle die gleiche Erfahrung gemacht, wurden

sie sehr froh, und es gab keinen darunter, der sich nicht schon als mächtiger Salzherr gesehen hätte.
Da nun die Zeit heran war, das hochgeschossene Salz, damit es nicht umknicke, abzuschneiden und einzusammeln, rüsteten sie sich, das kostbare Gut einzubringen. Etliche kamen mit Sicheln, Wagen und Pferden, ja sogar mit Dreschflegeln, um es wie Hanf auszudreschen. Wie sie aber Hand anlegten, da war das gewachsene Salz so scharf, herb und hitzig, daß es ihnen die Hände verbrannte. Handschuhe anzuziehen, schämten sie sich, weil es Sommer war.
Nun schlugen einige vor, es abzumähen wie Gras. Andere wandten ein, dabei könne vielleicht der Samen ausfallen. Einer riet, es mit der Armbrust abzuschießen. Aber es war kein Schütze unter ihnen, und nach fremden wollten sie nicht schicken, aus Sorge, jemand könnte ihnen ihre Kunst abgucken.
In Summa summarum, die Schildbürger konnten ihrem Salz nicht beikommen und mußten's so lange auf dem Felde stehen lassen, bis ihnen was Rechtes einfiele. Und hatten sie zuvor wenig Salz besessen, so besaßen sie nun noch weniger. Denn was sie nicht verbraucht hatten, das hatten sie versät. Also litten sie Mangel am Salz bei den Speisen wie am Salz der Weisheit, welches bei ihnen bereits ganz dumpf geworden. Hätte ihnen einer eingeredet, im Winter Schnee hinter dem Ofen zu dörren und als Salz zu gebrauchen, sie hätten die Kunst wohl versucht. Die Ursache aber, woher das Salzkraut so scharf war, errieten sie nicht, vielmehr nahmen sie sich vor, es ein andermal besser zu machen. Daß es Brennesseln waren, die unter ihrer Obhut prächtig ins Kraut geschossen, wer sollte es ihnen sagen, die in ihrer Torheit doch fortfahren wollten? Auch mag es keiner leiden, wenn ein Esel den anderen Langohr nennt.

17. Kapitel

Wie der Kaiser von Utopien den Schildbürgern seine Ankunft kundgetan und sie in Eile einen Schultheiß erwählen.

Der Schildbürger frühere Weisheit war zwar weit und breit in der Welt bekannt gewesen, doch hatte man davon ganz allmählich erfahren. Aber das Geschrei über ihre Torheit erscholl noch viel weiter und machte so schnell die Runde, daß bald ein jeder wußte, was sich bei ihnen zugetragen. Pflegen wir nicht alle mehr der Narrheit und Torheit nachzuforschen als der Weisheit? Narren, die wir selber sind?

Also erfuhr auch der Kaiser von Utopien, der in Reichsgeschäften in Schildas Nähe kam, mancherlei von den seltsamen, abenteuerlichen und närrischen Possen der Schildbürger und verwunderte sich darüber, denn er hatte sie früher als weise Ratgeber hochgeschätzt. So beschloß er, sich selber davon zu überzeugen und ließ den Schildbürgern seinen Besuch melden. (Zweifellos um sie auf die Probe zu stellen.) Dabei ließ er sagen, daß er ihnen ihre althergebrachten Freiheiten und Privilegien gnädigst belassen wolle, wenn sie ihm bei seiner Ankunft auf seine erste Anrede mit einem Reime antworten könnten. Außerdem sollten sie ihm halb geritten und halb gegangen entgegenkommen.

Bei dieser Botschaft fuhr den armen Schildbürgern die Angst in den Busen. Mußten sie doch fürchten, der Kaiser könnte ihre verabredete Narrheit durchschauen, und sie würden deshalb in Ungnade fallen oder vielleicht sich gezwungen sehen, wieder witzig und verständig zu werden.

Zu allem Unglück waren sie gerade ohne Schultheiß,

weil ihnen der erste, zum Anfang ihrer Torheit gewählt, gänzlich zum Narren geworden war. Sie aber erachteten, daß ihnen einer nottäte, auf den sie nicht schauten, wie die Mücken auf einen geschälten Apfelschnitz. Weil nun der Kaiser zum Empfang einen Reim verlangt hatte, beschlossen sie: Wer am folgenden Tage den besten Reim hervorbringen würde, sollte Schultheiß sein. Nach dieser Ratssitzung ging jeder nach Hause, in der Hoffnung, Schultheiß zu werden. Die liebe lange Nacht zerdisputierten und zerstudierten sich die Ehrenwerten das Hirn, so daß sie morgens kaum wußten, wo ihnen der Kopf stand.

Nun gehörte der Schweinehirt, ein redlicher Gesell, auch zum Ehrenwerten Rat. Wenn er auch über seine Schweineherde geherrscht und den Stab wacker geschwungen hatte, wäre er doch gern höhergestiegen, wie ein Pfaffe gern seine Propstei gegen eine Abtei vertauscht. Darum ging er mit schweren Gedanken zu Bette und warf sich unruhig hin und her.

Aus dem Rate zu schwatzen, war unziemlich, aber seine Frau drang so lange in ihn, bis er ihr verriet, was ihn bedrückte. Als sie das hörte, wäre sie ebenso gern Frau Schultheißin geworden wie er Schultheiß.

»Was gibst du mir, wenn ich dich einen Reim lehre, daß du Schultheiß wirst?« fragte sie ihn.

»Wenn du das tust und ich werde wirklich Schultheiß, kaufe ich dir einen schönen neuen Pelz«, verhieß ihr der Schweinehirt. Damit war die Frau recht zufrieden, und sie sprach ihrem Manne folgende Reime vor:

»Ihr lieben Herrn, ich tret' herein,
meine Hausfrau heißet Katharein,
sie hat ein Maul wüst wie ein Schwein
und trinkt gern guten, kühlen Wein.«

Diesen Reim sprach sie ihm neunundneunzigmal vor, bis er ihn ganz geschluckt und verdaut hatte und am Morgen schwanger ging mit einem Schultheißen.
Aber auch die anderen Ehrwürdigen hatten über Nacht größere Köpfe bekommen und, Wunder über Wunder, es wurden so viele zierliche und wohlgesetzte Reime hervorgebracht, als wäre ihnen die Kunst aus ihrer alten abgelegten Weisheit nur so zugeflogen. Schade, daß nicht alle erhalten geblieben sind. Doch trösten wir uns mit den vorhandenen.
So trat einer hervor, verbeugte sich und sagte:

»Ich bin nur ein rechtschaffener Bauer
und lehn' den Spieß an eine Wand.«

»Oho«, sprach der nächste. »Kannst du es nicht besser, so laß mich Schultheiß werden:

Ich heiße Meister Hildebrand
und lehn' meinen Spieß wohl an die Mauer.«

Aber ein Dritter wollte ihn ausstechen und begann:

»Ich bin genannt der Friedrich Stolz
und lad' meinen Wagen voll mit Scheitern.«

Doch da war noch einer, der gar zu gern Schultheiß geworden wäre.
»Wie wäre es damit?« meinte er:

»Man sagt, ich hab' einen schweren Kopf
und sei ein arger, loser Schelm.«

Und der nächste brachte hervor:

»Mit Namen heiß' ich Hänslein Beck,
dort steht mein Haus an jenem Ort.«

Und immer noch folgte ein neuer Reim:

»Was soll ich viel reimen oder sagen,
eh' ich hab' einen vollen Hals.«

Da drängte sich schon wieder einer heran.

»Wer nicht gut reimen kann und renken,
den sollt' man an den Galgen knüpfen.«

»Ich wett' euch um einen guten Käse, wenn ich nicht Schultheiß werde«, rief ein anderer dazwischen und begann:

»Ihr Herrn, ich möcht' gern Schultheiß sein,
drum kam ich heut' zu euch hierher.«

Währenddessen stand der Schweinehirt tausend Ängste aus, ein anderer könne ihm seinen Reim wegnehmen, und als endlich die Reihe an ihn kam, trat er klopfenden Herzens hervor.

»Ihr lieben Herrn, ich tret' hierher,
meine Hausfrau, die heißt Katharin,
sie hat eine Gosche wie eine Sau
und trinkt gern guten, kühlen Most.«

»Das klingt nach etwas!« riefen die Ratsherren aus, und die Wahl fiel einhellig auf den Schweinehirten. Er wäre wohl der rechte, meinten sie, der dem Kaiser in Reimen antworten und ihm Gesellschaft leisten könne. Zudem sei er ein Handwerksmann, wo alle anderen doch Bauern wären.

Der Schweinehirt, der die Ehre mit Freuden annahm, erfuhr auf der Stelle, wie weit Glück und Unglück voneinander liegen, nämlich nicht weiter als Tag und Nacht. Es war ja aus dem Schweinehirten über Nacht ein würdevoller Schultheiß zu Schilda geworden.

18. Kapitel

Wie der Schultheiß zu Schilda ins Bad ging.

Die Ehre und Würde des Schultheißenamtes kitzelte den Schweinehirten dermaßen, daß er wohl zehnmal in einer Stunde zu seiner Frau sagte: »Gelt, Frau, das ist mir geraten!« Auch meinte er, es gezieme ihm, andere Gebärden, Reden und Manieren anzunehmen.

Um Staub und Arbeitsschweiß loszuwerden, ging er am Samstag zur Stadt ins Bad. Als ein Gesell, der vor Jahren mit ihm die Schweine gehütet hatte, ihm unterwegs begegnete, ihn herzlich begrüßte und duzte, erklärte ihm der frischgebackene Schultheiß, daß er nicht mehr derselbe sei, der er vorher war. Das Ehrenregiment über das ungezogene Volk zu Schilda sei ihm eine rechte Bürde. Es habe sich nämlich bei seinen Vorgängern eine leidige Unordnung eingeschlichen, und die loszuwerden mache ihm viel Kopfzerbrechen.

Im Bad angekommen, benahm sich der Schultheiß sehr absonderlich. Als wäre er in tiefe Gedanken versunken, zählte er seine Finger ab, redete mit sich selber und mit niemandem sonst. Alle, die ihn von früher kannten, meinten, er wäre melancholisch geworden, denn sie ahnten nichts von der Ehre, die ihn so drückte. Auch hatte er sich auf die Bank gesetzt, wo die vornehmen Leute zu sitzen pflegten.

Als der Bader ihn fragte, ob er sich schon habe den Kopf waschen und den Körper abreiben und kratzen lassen, antwortete er:

»Das weiß ich wirklich nicht. Unsereiner hat so unglaublich viel zu sinnen und über Gerechtigkeit und allgemeinen Nutzen nachzudenken, daß man solche

Nebensächlichkeiten gar nicht wahrnimmt. Insbesondere ich, der ich trachten muß, dem Kaiser in Reimen zu antworten, denn, versteh' mich recht, ich bin der Schultheiß von Schilda.«
Obwohl diese Rede bitterernst gemeint war, fingen alle, die im Bade waren, an zu lachen, als wären sie selber närrisch, ließen ihn auf seiner Ehrenbank sitzen und noch eins drauf schwitzen.

19. Kapitel

Wie der Schultheiß seiner Schultheißin einen neuen Pelz kaufte.

Die neugebackene gnädige Frau Schultheißin vergaß nicht, ihren Mann an den versprochenen Pelz oft zu erinnern. Denn wäre sie nicht gewesen, hätte er noch viele Jahre die Schweine hüten müssen. Frauen haben nun mal ein sehr gu-gu-gutes Gedächtnis. Als er wichtiger Geschäfte halber in die Stadt gehen wollte, ermahnte sie ihn aufs dringlichste.
Alsbald am Stadttor angekommen, erkundigte er sich beim Torwächter nach eines Kürschners Haus. Es müsse aber der Kürschner sein, setzte er hinzu, bei dem die Schultheißen ihren Frauen neue Pelze kauften, denn er wäre soeben Schultheiß von Schilda geworden.
Der Torwächter merkte gleich, daß der Mann etwas zu viel oder zu wenig gebacken, also einen kleinen Hieb weg hatte. Dem täte es wohl gut, man jagte ihn ein wenig nach der Holzschere umher. Darum wies er ihn ans Ende der Stadt zu einem Kübler, der ein rechter Faxenmann war.

Der gute Schultheiß hielt sich in aller Ehrbarkeit an die Weisung und fragte beim Kübler nach Schultheißpelzen; er sei der Schultheiß zu Schilda. Der Kübler wußte sofort, was die Glocke geschlagen hatte, sagte, er habe gerade alle Pelze zum Markttag weggegeben, doch werde Ehrwürden in einer anderen Vorstadt gewiß Pelze nach seinem Begehren finden. Und er schickte ihn zu einem Wagner.

Da auch der Wagenbauer ein Spottvogel war, wies er den Schultheiß an einen Schreiner.

Dieser schickte ihn zu einem Sporer. Der Sporenmacher wies ihn an einen Sattler.

Der Sattler schickte ihn zu einem Organisten; der Organist zu einem Studenten; der Student zu einem stubenhockerischen Gelehrten; der Gelehrte zu einem Buchbinder; der Buchbinder zu einem Fischer; der Fischer zu einer alten Vettel; die Vettel zu den Druckergesellen.

Die empfingen ihn mit Hallo und verwiesen ihn an den Buchhändler. Der Buchhändler hatte schon manchen Schildbürger vor seinem Laden gesehen, und er schickte den Schultheiß zum Lebküchler, wo er Pelze zum Fressen fände, ganz wie er sie haben wollte.

Der Lebkuchenbäcker bat den Schultheiß um etwas Geduld, so würde er ihm einen Pelz anmessen, ihn aus Lebkuchen zurechtschneiden und backen. Wenn der seiner Frau nicht gefiele, könne er mit ihr alle Morgen ein Ränftlein davon essen.

Der Schultheiß bedankte sich aufs höflichste, doch könne er nicht mehr warten, die Zeit war vertan mit Umherlaufen nach dem Pelz, er müsse endlich heimzu, sein Amt zu verrichten. Dem Lebküchler tat der Mann in seiner Einfalt leid, und er wies ihn endlich an einen Kürschner.

Dort fand er Pelze in allen Größen, und auf die Frage des Kürschners, wie groß er sein solle, antwortete der Schultheiß:
»Wenn mir der Pelz paßt, wird er auch meine Frau warmhalten, denn ihr Hut paßt auf meinen Kopf ebensogut wie mein Hut auf ihren. Also probiert mir den Pelz nur an.« Er nahm einen so stattlichen Pelz, daß sich eine städtische Frau Schultheißin damit nicht hätte zu schämen brauchen.
Seine Frau empfing ihn mit Freuden, probierte gleich den Pelz, ließ sich darin besehen, hinten, vorn und nebenbei, auf beiden Seiten, oben und unten, innen und außen.
Als sie ihn für gut befunden, sollte sie ihrem Manne Küchlein backen, doch nicht die groben Schnitten der Schweinehirten. Es müßten krausgebackene Sträublein sein, wie sie einem Schultheiß zukämen. Er wolle auch eine Wurst und eine Maß Wein dazugeben.
Beim gemeinsamen Essen und Trinken hätte die Frau Schultheißin gern öfter nach dem Wein gelangt, schämte sich aber vor ihrem Herrn, dem Schultheiß. So erdachte sie eine List.
»Du glaubst nicht«, sagte sie, »wie mich dieser Pelz freut.«
»Ist es wahr?« sagte er.
»Ja«, sagte sie. »Wenn's nicht wahr ist, so stoße mir dieser Trunk das Herz ab.« Und sie tat einen guten Schluck. Bald fing sie wieder an: »Unseres Nachbarn Knecht treibt es mit der Magd.«
»Ei, ist das möglich?« sagte der Schultheiß.
»Ja«, sagte die Schultheißin. »Wenn's nicht wahr ist, so soll dieser Trunk Gift werden in mir.« Und sie nahm wieder einen ordentlichen Schlaputz.
Das trieb sie so lange, bis ihr der Wein fast aus den Oh-

ren herauslief, aber da war auch der Krug leer. (Wäre ich dabeigewesen oder auch du, hätte man da nicht auch in beide Backen kräftig eingeschoben, um nicht zu kurz zu kommen?)

20. Kapitel

Wie die Frau Schultheißin in ihrem neuen Pelz zur Kirche prangt.

Die Frau Schultheißin lag die ganze lange folgende Nacht wach und überlegte, wie gravitätisch sie wohl in ihrem neuen Pelz daherstolzieren mußte, um für ihren Mann Ehre einzulegen. Trachten doch allgemein die Weiber danach, wie sie sich aufmutzen, zieren, malen, auftakeln, einschnüren, frisieren, mit Hauben schmükken, den Hintern polstern könnten und so weiter, um ihren Männern zu gefallen.

Während die Frau sich so hin und her warf, erwachte ihr Mann, und er sprach zu ihr: »Frau Schultheißin, bei wem liegt Ihr?«

Sie antwortete maulfaul: »Bei dir.«

Der gute Schultheiß hatte aber seinen Ehrentitel bisher kaum gehört, und da er ihr den ihren gegeben, war er unzufrieden.

Schon nach wenigen Minuten stieß er sie wieder in die Seite: »Gnädige Frau Schultheißin, so sagt schon, bei wem liegt Euer Würden?«

Unwillig knurrte sie ihn an: »Was fragst und plagst du mich? Beim Narren liege ich.«

Das schmeckte ihrem Manne gar nicht. »Bei dem du liegst, das ist der Schultheiß zu Schilda.« Er sagte es so

zornig, daß sich die Schultheißin stellte, als habe sie noch halb geschlafen und geträumt.
Sie war froh, als endlich der Tag anbrach, ein Sonntag, an dem sie sich in der Kirche allen Nachbarn in ihrem neuen Pelz zeigen konnte. Beim Aufmutzen und Putzen fragte sie ihren Mann, der den Spiegel hielt, wohl hundertmal, ob sie von vorn und von hinten wirklich wie eine Frau Schultheißin aussähe. Hernach auf der Straße hat sie gewiß geprangt wie eine Geiß am Strick.
Gerade als die Predigt zu Ende war, kam sie in die Kirche gerauscht, und alle erhoben sich. Die Frau Schultheißin aber meinte, sie ständen ihr zu Ehren und ihres neuen Pelzes wegen auf. Huldvoll nach allen Seiten nikkend, sagte sie:
»Liebe Nachbarn, bitte bleibt sitzen. Ich habe die Tage noch nicht vergessen, wo ich ebenso ärmlich und abgerissen einhergegangen bin wie ihr. Deshalb setzt euch nur wieder aufs Hinterteil.«
Der Schultheiß, der lange an seinem Bart gestrählt und gestriegelt hatte, trat endlich auch herein. Ihm liefen gleich ein paar Hunde, die in der Kirche Hochzeit hielten, zwischen die Beine. Da sprach er in rechtem schultheißlichem Eifer: »Auch unter die Hunde werde ich Ordnung bringen, wie unter meine Untertanen, oder ich will euer Amtmann nicht sein.»
Daß gerade an diesem Sonntag die Predigt so kurz gewesen, lag an den vier Stücken, über die der Pfaff gepredigt hatte.
»Das erste«, sprach er, »weiß ich, aber ihr wisset's nicht. Das andere«, sprach er, »wisset ihr, aber ich weiß es nicht. Das dritte«, sprach er, »wissen wir beide nicht. Das vierte«, sprach er, »wissen wir beide nur zu wohl. Schlechte Hosen hab' ich, das weiß leider ich, aber der lange Rock bedeckt mich, so daß ihr es nicht wißt, wenn

ich's nicht sage«, sprach er. »Dagegen wißt ihr, ob ihr mir wollt neue machen, was ich nicht wissen kann«, sprach er. »Auch was heute für ein Evangelium dran ist, weiß ich potz Kerbholz nicht, und ihr viel weniger. Aber das Wirtshaus wissen wir allesamt nur zu gut«, sprach er. »So laßt uns miteinander dort hinziehen und am Tisch beratschlagen, wie man den Kaiser empfangen sollte«, sprach er.

21. Kapitel

Wie der Kaiser nach Schilda reiste und wie er dort empfangen wurde.

Als der Kaiser auf seiner Reise nach Misnopotamia in die Nähe von Schilda kam, fand er auf dem Felde einen Schäfer an seinen Stab gelehnt, der in der Hand ein Stück Brot hielt. Das Brot war schwarz und grob und aus rauher Kleie. Als das der Kaiser sah, sprach er:
»Dein Brot ist ja recht rauh und schwarz!«
»Ja«, antwortete ihm der Schildbürger, »wenn's feiner wär', schmeckte es mir auch besser.«
»Aber kann man denn davon leben?« wunderte sich der Kaiser.
Da zog der Schildbürger einen Käse aus der Tasche und entgegnete: »Ich muß eben meinen Gaumen mit diesem Käse überlisten.«
Als der Kaiser weiterzog, hatte er gelernt, wie man sich auch das schwärzeste Stück Brot wohlschmeckend machen kann.
Inzwischen hatten die Schildbürger alle Hände voll zu

tun gehabt, sich würdig auf den Empfang des Kaisers vorzubereiten. Einmal galt es, seinen Gruß mit einem Reim zu beantworten, zum anderen, ihn halb geritten, halb gegangen entgegenzukommen.
Mit dem Reimen hatten sie sich folgendes ausgedacht: Sie wollten als erste den Kaiser anreden mit den Worten: »Nun seid uns willkommen!« Darauf müßte der Kaiser notwendigerweise antworten: »Und du mir auch.« Damit hätten sie schon gewonnen, denn nun sollte der Schultheiß erwidern: »Der Witzigste unter uns ist ein Gauch.« Das, meinten sie, wäre wohl nach Form, Ausdruck und Sinn ein prächtiger Reim.
Wie aber sollte man ihm halb geritten und halb gegangen entgegenziehen? Einige meinten, man müßte sich in zwei gleiche Haufen aufteilen, von denen der eine zu Fuß gehen, der andere reiten sollte; immer je ein Fußgänger und ein Reiter in einem Glied. Andere schlugen vor, nur einen Fuß im Steigbügel zu haben und mit dem anderen auf dem Boden zu gehen, das wäre ja auch halb geritten und halb gegangen.
Aber der beste Einfall war doch, dem Kaiser auf Steckenpferden entgegenzusprengen, denn das Sprichwort sagt: Steckenreiten ist halb gegangen. Außerdem fanden alle, daß Steckenpferde leichter zu zähmen, zu zäumen und zu striegeln wären als andere Rosse. Auch konnte sich jeder ein Roß nach seinem Geschmack verfertigen, sich damit tummeln und es abrichten, ob es ein weißes, graues, braunes, schwarzes, rotes oder gesprenkeltes Pferd war.
Als nun der Tag gekommen war, an dem der Kaiser mit seinem Gefolge heranrücken sollte, sprengten die Schildbürger heraus auf ihren Steckenpferden, ihm entgegen. Unterwegs wurde es dem Schultheißen, der am Abend zuvor saure Buttermilch gegessen hatte, hinten-

herum zu eng in den Hosen, und er sprengte geschwind hinter einen Misthaufen, um sich zu erleichtern.
Mittlerweile war der Kaiser nahe herangekommen, und die ganze Schildbürgische Reiterschaft sah sich nach ihrem Schultheiß um. Der sprang, aus Angst, den richtigen Moment zu verpassen, stracks auf den Misthaufen, hielt mit der einen Hand die Hose fest, die er in der Eile nicht mehr hatte zuknöpfen können, und schwang sich auf sein Steckenpferd. Von dieser Höhe herab begrüßte er den Kaiser gar gravitätisch. Und weil er doch dem Kaiser die Hand reichen mußte, aber keine frei hatte, nahm er seinen Hut zwischen die Zähne und quetschte hervor:
»Nun seid uns willkommen auf unserem Grund und Boden, Ehrenfester Junker Kaiser!«
Der Kaiser sah sogleich, daß das Gerede über die Narrheit der Schildbürger wohl seinen Grund hatte, reichte dem Schultheißen die Hand und sprach:
»Hab' Dank, mein lieber Schultheiß, und du mir auch.«
Nun kam es darauf an, mit einem Reim zu antworten. Doch konnte der Schultheiß mit dem Hut im Mund nicht schnell genug den Anfang finden, so daß ein anderer Schildbürger herzusprang, um ihre Ehre zu retten, und sagte:
»Der Schultheiß ist ein rechter Narr.«
Hatten sie doch als Antwort beschlossen: »Der Witzigste unter uns ist ein Gauch.« Gauch ist aber dasselbe wie Narr, und der Witzigste mußte ja ehrenhalber der Schultheiß sein.
Auf diese Weise wurde der Kaiser empfangen. Dann ritten die Schildbürger vor ihm her und führten ihn aufs Rathaus zu seinem Logis. Um ihm die Zeit bis zum Essen zu verkürzen, erzählten sie ihm, was sich alles beim Bau ihres Rathauses zugetragen hatte.

Auch die Geschichte mit dem Salzgewächs. Sollte ihnen diese Kunst doch noch geraten, würden sie ein Privileg darauf erhalten, damit nicht jedermann es ihnen nachtun dürfte, verhieß ihnen der Kaiser gnädigst.

22. Kapitel

Wie die Schildbürger dem Kaiser einen großen Topf mit Senf verehren.

Nun standen die Schildbürger vor der schwierigen Frage, was sie dem Kaiser als Geschenk verehren sollten. Gold und Silber hatte er in Hülle und Fülle, während es bei ihnen sehr teuer wäre, überlegten sie sich. Eßbares, wie Kraut, Rüben, Speck, Bohnen oder Gerste, brauchte er nicht, da er ja überall zu Gast geladen würde, wohin er auch käme. Schließlich einigten sie sich, ihm einen großen Topf mit saurem Senf zu verehren. Den könne er überall brauchen, um sich das Essen schmackhafter zu machen.
Sie ließen den Senf sogleich anrühren und in einem nagelneuen Topf anrichten. Den mußten zwei Jungen an einer Stange zum Kaiser tragen, wobei der Schultheiß folgende Rede hielt:
»Ehrenfester Junker Senf, da verehren wir Euch diesen Kaiser und bitten Euch, ihn gnädigst anzunehmen.«
Bei dieser stattlichen Rede mußte der Kaiser lachen und zog im Scherz seinen Hut, um sich zu bedanken. Doch der Schultheiß fiel ihm ins Wort:
»Setzt auf, Junker Kaiser, bleibt bedeckt!«
»Setz du deinen Hut auch auf«, antwortete der Kaiser.

»Nun, so wollen wir sie denn zugleich miteinander aufsetzen«, schlug der Schultheiß freundlich vor.
Als aber die Jungen den Topf niederstellen wollten, setzten sie ihn so hart auf dem Boden auf, daß er in Stücke zerbrach und der Senf auf der Erde lag. Ei, wie war da der Schultheiß aufgebracht, schalt die Jungen und konnte sich nicht genug tun, den guten Senf zu beklagen, dieses Leckerwerk, das über vier Häuser weit zu riechen war und nun im Dreck lag.
»Aber versucht ihn doch wenigstens einmal, Junker Kaiser«, schlug er vor, fuhr mit der Hand in den Senf und wollte ihn dem Kaiser zu schmecken geben. Doch der Kaiser wollte nicht kosten und meinte, der Senf röche so vorzüglich, daß er genau wisse, wie gut er gewesen wäre, und er bedaure den Schaden außerordentlich. Da es jedoch nun geschehen sei, wolle er den guten Willen dem Geschenk gleichsetzen. Und da war der Schultheiß schließlich zufrieden.

23. Kapitel

Wie der Schultheiß mit dem Kaiser das Imbißmahl genommen hat.

Am folgenden Tage lud der Kaiser den Schultheiß samt seinen Untertanen zu einem Imbißmahl ein. Wegen der hohen und wichtigen Reden, die dabei zu führen waren, saß aber nur der Schultheiß an des Kaisers Tafel. Auch des Kaisers Sohn hatte an einem anderen Tische Platz genommen. Der Kaiser merkte, daß der Schultheiß ein Auge auf den jungen Mann geworfen hatte und fragte, was er von ihm halte.

»Ist es nicht Euer Sohn, Junker Kaiser?« sagte der Schultheiß.
»Ja«, antwortete der Kaiser.
»Fürwahr«, sagte der Schultheiß, »ich habe es ihm gleich an der Nase angesehen. Aber verratet mir eins, hat er noch kein Weib?«
»Nein«, sagte der Kaiser, »er hat noch keine. Weißt du etwa eine, die zu ihm paßt?«
Da rückte der Schultheiß nahe an den Kaiser heran, denn er wollte seinen Vorschlag in aller Heimlichkeit machen. Ein handfestes Mensch, das arbeiten kann und jeden Morgen bis über die Knie im Dreck stünde, wäre wohl die rechte, meinte der Schultheiß.
Darauf wollte der Kaiser wissen, wie die Sache anzupacken sei.
»Erst trinken wir eins, Junker Kaiser«, sprach der Schultheiß, »danach will ich es sagen.«
Der Schultheiß trinkt, der Schultheiß trinkt! Das macht ihm Mut zu sagen, daß er wohl ein Paar Hosen brauchen könnte, und seiner Frau stünde der Sinn nach roten Strümpfen, wie die Störche haben. Bewahre der Kaiser Stillschweigen über die Sache, werde er die Jungfer zu sehen bekommen. Die jungen Burschen dürften nämlich die Verabredung nicht innewerden, sonst würde sich bestimmt einer finden, der seinem Sohn die Jungfer abspenstig machte.
Worauf des Kaisers Sohn sich denn verstünde, wollte der Schultheiß nun wissen. Der Jungfer Eltern würden ja fragen, was er betreibe.
Der Kaiser gestand, daß der Sohn nichts gelernt habe, doch könne er es wohl nachholen, jung und stark, wie er sei. Vielleicht könne er dem Vater der Jungfrau zur Hand gehen.
»Es ist wahr, Junker Kaiser«, antwortete der Schultheiß,

»Euer Sohn hat noch einen jungen starken Rücken. Doch wer weiß, ob ihm nicht ein faules Schelmenbein gewachsen ist. Das stellt sich oft heraus, wenn einer in der Jugend zu lange auf der Bärenhaut gelegen hat. Man müßte ihn wohl ein halbes Jahr bei der Jungfer Vater verdingen. Da wird es sich zeigen, ob er anstellig ist, und dann kann man weitersehen, Junker Kaiser.«
Nun erkundigte sich der Kaiser, wer denn der Jungfrau Vater sei.
»Das will ich Euch sagen, wenn ich getrunken habe.«
Der Schultheiß trinkt, der Schultheiß trinkt! Dann muß ihm der Kaiser sein Ohr zuneigen, damit es keiner hört.
»Es ist der Schweinehirt allhier«, sagt der Schultheiß. »Dem hab' ich gerade erst zu diesem Amt verholfen, indem ich Platz gemacht habe. Der wird gewiß dermaleinst Schultheiß werden, so wie ich zu der Ehre gekommen bin, denn er ist ein feiner, bescheidener Mann und dazu brav. Ebenso ist seine Tochter ein redlich, hurtig Mensch und ein saftig Weib dazu. Es wäre nur recht und billig, wenn Euer Sohn etwas lernte, womit er sein Mus und Brot für Weib und Kind verdienen kann.«
Der Kaiser versprach, das freundliche Anerbieten recht zu bedenken und ihm schriftlichen Bescheid zu geben. Das jedoch geschah bis auf den heutigen Tag nicht.

24. Kapitel

Wie die Schildbürger den Kaiser zu Gast gebeten und ihm eine saure Buttermilch vorgesetzt haben.

Als nun die Mahlzeit unter den obgemeldeten Reden beendet war, bat der Schultheiß im Namen der Gemeinde den Kaiser zu einem Abendtrunk, freilich müsse er fürliebnehmen. Der Kaiser, dem die Schwänke und Possen als Zeitvertreib wohlgefielen, willigte ein, unter der Bedingung, daß man ihn beim Trinken nicht nötigen solle.

»Seid ohne Sorge, Junker Kaiser«, sagte der Schultheiß, »wir wollen es mit Euch gnädig machen.«

Nachdem sie den Kaiser herumgeführt und ihm alle ihre Misthaufen gezeigt hatten, setzten sie sich im neugebackenen Rathaus an die frischgedeckten Tische. Zuerst wurde eine Platte voll Karpfen aufgetragen, die waren in Erbsen oder Mus gekocht und zu einem Brei verrührt. Danach folgte eine andere Platte voll Karpfen, die in der Brühe angerichtet waren.

Der Schultheiß forderte den Kaiser auf, tüchtig in die Brühe zu tunken, es wäre noch ein halber Kübel voll da. Außer den Fischen, von denen auch etliche am Spieß gebraten waren, gab es einen Brei. Da am Tisch, wo des Kaisers Sohn saß, in dem Papp herumgestochert wurde, trieb der Schultheiß die Burschen lauthals und grob an, indessen er zum Kaiser ganz beruhigend sagte:

»Ihr braucht nicht auf sie zu warten, Ehrenfester Junker Kaiser, denn:

es steht geschrieben,
sechs oder sieben
sollen nicht harren

auf einen Narren,
sondern essen
und des Narren vergessen.«

Zuletzt wurde eine frische, kalte, saure, weiße Buttermilch aufgetischt. Der Schultheiß leistete dem Kaiser hinterm Tisch Gesellschaft, während die übrigen Schildbürger vor dem Tisch herumstanden. Dem Sohn des Kaisers hatten sie etliche Kumpane an die Seite gegeben.

Für den Kaiser waren weiße Semmelwecken in die Milch gebrockt, vor den Plätzen der Schildbürger lag Schwarzbrot. Einer der Bauernburschen erwischte ganz von ungefähr einen Brocken von dem weißen Brot und schob ihn sich in den Mund. Als er wieder in die Schüssel langen wollte, schlug ihm der Schultheiß auf die Finger und sagte:

»Sollst du des Junker Kaisers Brot essen?«

Der Bursche in seinem Schreck holte den Bissen unzerkaut aus dem Mund, legte ihn zurück in die Schüssel und schob sie verstohlen an des Kaisers Platz.

Der Kaiser hatte das wohl wahrgenommen, wischte seinen Löffel ab und schenkte den Schildbürgern die noch übrige Milch samt dem Weißbrot darin. Flugs machten sich alle darüber her und lobten des Kaisers Freigebigkeit.

Doch einer war darunter, welcher von der Milch gar zu gern einen reichlichen Rest für sich allein gehabt hätte. Er tat, als habe er statt eines Bissen Brotes einen Schlüpferling aus der Nase hineingeschleudert.

»Das mag der Henker fressen«, sagten die anderen voll Ekel und ließen das Läppermaul die Milch allein ausläppern.

25. Kapitel

Wie die Schildbürger einander Rätsel aufgaben und den Kaiser ihre Bürgerlust sehen ließen.

Nach vollbrachter Mahlzeit geziemte es sich, Silentium zu halten und danach Dank zu sagen. Spieß und Topf konnten es nicht besser hergeben, noch der Koch besser anrichten, meinte der Schultheiß. Er ging ein wenig abseits, um seine Rede zu bedenken. Das dauerte so lange, wie man braucht, um eine weiche Birne auszusaugen. Die Schildbürger sahen sich schon unruhig nach ihm um.

Endlich kam er dahergeraschelt und sagte, es möge allen vom lieben Gott gesegnet sein, was sie gegessen und getrunken. Und was sie verschleckt, ein jeder für sich selbst und miteinander und einer für den anderen, durcheinander, neben- und voreinander, das sei wohl drei Batzen wert. Nur der Junker Kaiser, als Gast der Gemeinde, solle nichts zahlen.

Daraufhin setzten sich alle wieder, zechten tüchtig weiter und fingen an, einander Rätsel aufzugeben. Der Schultheiß raunte dem Kaiser ins Ohr, er kenne alle Rätsel von Jugend auf und werde ihm die Lösungen heimlich vorsagen.

»Nun rate mir einer«, hub einer der Schildbürger an, »was das wohl ist:

> Ich ging zu meiner Gevatterin und bat sie um ihr -loch.
> Sie gab mir's nicht, lieh mir's jedoch.
> Sie sprach, es ist viel zu klein;
> sie sprach, o wehe, nein.

Ich will es netzen und reiben,
mit Gewalt eintreiben,
doch mit Glimpf und Fug,
's ist Faden und Lochs genug.«

»Ehrenfester Junker Kaiser«, sagte der Schultheiß, »es ist eine Nadel, aber sagt es niemand.«
Nun war die Reihe am zweiten; der sagte:

»Das Lange hanget,
die Härin verlanget;
die Härin sinnet, ich wette,
daß sie das Lange in sich hätte.«

»Ehrenfester Junker Kaiser«, sagte der Schultheiß, »es ist eine Wurst, auf welche eine Katze wartet, daß sie aus dem Kamin herunterfalle.«
Ein anderer mußte, bevor er einen Trunk nehmen durfte, das nächste Rätsel aufgeben. Er besann sich und sprach:

»Von außen Haar, von innen Haar,
von Haaren noch ein Zopf darein.
Was für ein Ding mag das wohl sein?«

»Ehrenfester Junker Kaiser«, sagte wiederum leise der Schultheiß, »es ist ein Instrument, mit welchem die Bauernbengel ihre Köpfe bedecken.«
Darauf sprach ein anderer Schildbürger:

»Ich saß auf dem Böcklein
und sah mir selbst ins Löchlein:
Ach, Löchlein, wie bist du so ungeheuer,
wie sind um dich die Stich' so teuer.«

»Ehrenfester Junker Kaiser«, sagte der Schultheiß.
Was er aber gesagt hat, habe ich in dem wurmzerfressenen Exemplar nicht lesen können.

Danach gab noch ein anderer zu raten auf und sprach:

»Loch gegen Loch,
Haar ums Loch;
hüpft manchem das -loch.«

»Ehrenfester Junker Kaiser«, sprach der Schultheiß, »es ist der Pfeifer mit seiner Pfeife.«
Ein anderer Schildbürger sagte, als die Reihe an ihn kam:

»Ich ging durch ein Gäßlein,
begegnet' mir ein schwarz' Pfäfflein.
Eh' ich konnt' sagen: Och!
war er mir schon im Loch.«

»Ehrenfester Junker Kaiser«, sprach der Schultheiß, »laßt Euch nicht irremachen, sondern denkt an einen Dorn, der einem in den Fuß fährt.«
Noch einer trat hervor, welcher nicht der Geringste sein wollte, und sprach:

»Loch aufs Loch,
Zapf' ins Loch,
'n Klaps auf den . . .
Rat', was ist das?«

»Ehrenfester Junker Kaiser«, sprach der Schultheiß, »jedesmal wenn ich an meiner Mutter Brust gesogen hab', ist dieses Rätsel wahr geworden. Doch nun will auch ich eins aufgeben. Hört mal zu, dahinten!

Frisch' Leder, frisch' Häut',
der Zipfel gehört in die Leut'.
Wenn der Zipfel tut hangen,
ist der Mägdlein Freud' vergangen.«

Dies war das einzige Rätsel, das keiner erraten konnte.

Es wäre eine Sackpfeife, sagte der Schultheiß, und damit hatte er gewonnen.
Nachdem die Tafel aufgehoben war, fragten sie den Kaiser, ob er wohl pinkeln müßte und dann ihre Bürgerlust sehen wolle. Nach Pinkeln war dem Kaiser nicht, aber ihre Bürgerlust wollte er sich gern ansehen. Um dieser Kurzweil willen mußten zuerst alle Zäune zugeschlossen werden.
Indes kam ein Durchreisender daher, der konnte nicht hinein nach Schilda. Über den Zaun hinweg fragte er einen, was denn los sei. Da bekam er zur Antwort:
»Die Schildbürger halten ihre Bürgerlust.«
»Und was ist das?« fragte der Fremde.
»Sie haben einem Hund eine Blase mit Erbsen gefüllt an den Schwanz gehängt. Den lassen sie in Schilda herumlaufen, dem Kaiser zu Ehren.«
Von solcher Art Lustbarkeit hatte der Reisende gewiß noch nichts gehört.

26. Kapitel

Wie die Schildbürger ein Urteil über einen toten Wolf fällen sollten.

Der Kaiser verwunderte sich über die närrischen Possen der Schildbürger, und es wollte ihm nicht in den Sinn, daß sie, die wegen ihres hohen Verstandes so berühmt gewesen, jetzt so grobe und törichte Zoten und Witze rissen. Um zu erfahren, ob es ihnen ernst oder die Torheit vorgetäuscht sei, stellte er ihnen zuguterletzt eine Frage, die sie im Rat gründlich diskutieren sollten.

Als er neulich nahe bei Schilda durch den Wald gefahren sei, erzählte der Kaiser, habe er einen Wolf aufgefunden, der gestorben war. Welches könne wohl die Ursache seines Todes sein?
Im Laufe der Beratung gab es zu dieser Frage viererlei Meinungen, deren jede ihre Anhänger fand. Die erste besagte, der Wolf wäre in der großen Kälte und dem tiefen Schnee barfuß gegangen, so daß ihm die Kälte aufs Herz geschlagen wäre und er daran hätte sterben müssen.
Die andere Meinung lautete: Weil der Wolf mehr zu Fuß hat laufen müssen als zu reiten, sei er vielleicht gejagt worden und, ganz außer Atem, einfach erstickt.
Das dritte Urteil hieß: Grausamer Schmerz und das Weh, welches nie so groß war wie in seiner Sterbestunde, hätten den Wolf ums Leben gebracht.
Aus des Schultheißen Kopf kam das vierte Urteil. »Liebe Nachbarn«, sagte er, »wir brauchen nur an unser Vieh zu denken, das der Wolf gefressen hat, und wir wissen, woran er gestorben ist. Er hatte keine Haushaltung wie unsereins, auch keine Wirtschafterin wie unser Pfaffe, also mußte er mehr rohes Fleisch essen als gesottenes und gebratenes. Auch werden die alten Kühe, die er vor Hunger zuweilen angefallen hat, nicht das Beste für seinen Magen gewesen sein, geschweige denn das verendete Vieh, wie die sieche Kuh meines Gevatters, erst kürzlich. In der Kälte hat der Wolf doch alles roh verschlungen und womöglich noch kaltes Wasser drauf gesoffen. Ist es da ein Wunder, wenn ihm das große Bauchgrimmen gekommen und er daran gestorben ist? Auch unsereiner hätte sich da den Magen verdorben.«
Diese Todesursache wurde von allen als richtig angesehen. Des Wolfes Zähne seien der beste Beweis dafür,

denn sie wären weiß, während Zähne bei heißer Speise schwarz zu werden pflegten (wie ein jeder an sich selbst beobachten könnte).
Die Ratserkenntnis nun wurde dem Kaiser vorgetragen. Er nahm ihr Urteil an und hatte dem nichts entgegenzusetzen.

27. Kapitel

Wie die Schildbürger dem Kaiser eine Bitte vortrugen.

Der Kaiser war länger in Schilda geblieben, als er beabsichtigt hatte. Schließlich mußte er aber doch zu seinen Reichsgeschäften zurück. Er ließ die Schildbürger wissen, daß sie für alle Zeiten einen Allergnädigsten Herrn in ihm hätten, und ihre Beschwerden würde er stets anhören und sie gern unterstützen.
Darüber freuten sich die Schildbürger nicht wenig, und der Schultheiß mußte in ihrer aller Namen sogleich eine Bitte vortragen. Sie bekannten, daß sie die närrische Weise angenommen hätten, um von fremden Herren nicht mehr von Haus und Hof abgefordert zu werden, was ihnen viel Ungemach bereitet habe, weil unterdes in ihrer Küche kein Speck gewachsen und ihre Güter verkommen wären. Sie verspürten einhellig, daß ihnen die Torheit ganz ersprießlich und nützlich sei, und sie wollten durchaus darin fortfahren. Jedoch sorgten sie sich, daß sie wegen ihres Vorhabens verlacht und ausgeätschelt oder gar daran gehindert werden könnten, denn vor den Bosheiten in der Welt sei kein Narr sicher. Deshalb ihr Begehren an den Junker Kai-

ser, ihr Vorhaben nicht nur zu bestätigen, sondern auch darüber einen Freibrief auszustellen, daß keiner das Recht habe, sie zu behindern noch aufzuhalten.
Der Kaiser, der mit den Schildbürgern seine Kurzweil gehabt, erfüllte ihre Bitte und legte alles nieder mit Brief und Siegel. Auch verehrte er ihnen etwas zum Abschied und ließ sich von der Schildischen Ritterschaft (auf Steckenpferden) ein Stück Weges geleiten.

28. Kapitel

Auszug des Kaiserlichen Freiheitsbriefes.

Wir, etcetera ... Kaiser etcetera ... tun hiermit allerseits kund und zu wissen, was unsere lieben und getreuen Schildbürger als Bitte vorgebracht:
Sie sind einig geworden, ein neues Leben anzufangen, welches Vorhaben von uns als geziemlich erachtet und hiermit bestätigt wird. Wir sind bereit, unsere lieben, getreuen und kurzweiligen Untertanen vor Schaden zu bewahren und ihren Wohlstand zu fördern.
Angesichts all ihrer kurzweiligen Dienste und Gefallen, die sie uns bei unserem Aufenthalt in Schilda erzeigt und geleistet haben, wird ihnen die Gnade und Freiheit verliehen, daß sie um das, was sie je anfangen und treiben werden oder auch schon getrieben haben, von keinem, ob hohen oder niederen Standes, verlacht, verachtet, ausgepfiffen, ausgeätscht oder verspottet werden dürfen, weder hinterwärts noch vorwärts, weder mit Worten noch mit Werken.
Auch wollen wir, daß unsere Lieben und Getreuen, der Schultheiß und die ganze Gemeinde zu Schilda, unsere

kurzweiligen Ratgeber bleiben, ihrem eigenen Wunsch nach, innerhalb und außerhalb des Utopischen Reiches, in allen Orten und in welcher Form es ihnen beliebt.
Bei Vermeidung unserer und des Reiches Ungnade sei jedem angeraten, sie nicht arglistig zu behindern. Wer dennoch dagegen verstößt, wird bestraft mit einer Narrenkappe, daran ein, zwei, drei oder mehr Schellen anzuhängen sind, je nach Größe der Schuld. Die wird ihm erst dann wieder abgenommen, wenn er sich mit dem Beleidigten vertragen und außerdem zwei Gulden beim Wirt für ihn hat springen lassen.
Das ist unser Wille und ist gültig als urkundlicher Auszug der Kaiserlichen Bulle. So geschehen im Jahr ... etcetera.

29. Kapitel

Wie die Schildbürger die Füße verwechselten und zuletzt doch jeder die seinen wiederfand.

Als die Schildischen dem Kaiser endgültig Lebewohl gesagt hatten, beschlossen sie, sein Ehrengeschenk, ein gutes Stück Geld, sogleich zu verzehren. Sie sprengten auf ihren Steckenpferden ins Wirtshaus des nächsten Dorfes und zechten redlich.
Satt und reichlich trunken, war ihnen noch ein Rest verblieben. Also zogen sie hinaus auf eine grüne Aue, vergaßen auch nicht, ein paar Krüge guten Weines und etliche Schnitten Brot mitzunehmen, damit ihnen der Magen in der Hitze nicht leck würde und der Wein womöglich hinweglief. Hingelagert ins grüne Gras, ließen

sie es sich bei Speis' und Trank wohl sein bis zum Abend.

Nun hatten sie aber alle Hosen von gleicher Farbe an, und weil sie die Beine untereinander verschränkt hatten, konnte keiner die eigenen herausfinden, als es Zeit war heimzukehren. Da guckte einer den anderen an, halb drohend, halb ängstlich, der Nachbar könne ihm seine Beine nehmen oder er selber unversehens die Füße des anderen.

Während sie so ratlos gafften, siehe, da kam ein Reiter des Wegs. Dem klagten sie ihre Not. Wenn er ein Mittel wüßte, wie sie wieder zu ihren Beinen kämen, sollte er es nur hurtig anwenden, sie würden ihn gut belohnen. Der Reiter stieg vom Pferd und meinte, das könne er wohl. Er schnitt sich einen tüchtig starken Knüppel, trat in den Kreis der Schildbürger und fing an, dem ersten besten auf die Beine zu schlagen. Jeder, den er traf, sprang geschwind auf und hatte seine Beine wieder.

Zuletzt blieb nur noch einer sitzen, und weil der Fremde aufgehört hatte mit Dreinschlagen, sagte dieser:

»Lieber Herr, soll ich meine Beine nicht wiederhaben? Wollt Ihr das Geld nicht auch an mir verdienen? Oder sind diese hier etwa meine?«

»Laß sehen«, sprach der Reiter, und er zog ihm eins über, daß es nur so flammte und dieser letzte ohne Besinnen auf seine Füße sprang.

Nun hatten sie alle ihre Füße wieder und waren froh darüber. Dem Fremden schenkten sie ein Trinkgeld und nahmen sich vor, ein andermal ihre Beine besser zu sortieren.

30. Kapitel

Wie zwei Schildbürger miteinander die Häuser vertauschen.

Den Schildbürgern ging ihre Narrheit so gut von der Hand, daß sie ihnen gänzlich zur Natur geworden war. Was sie auch dachten oder taten, es geriet ihnen närrisch. Contrariorum contraria consequentia! Es stimmte: die Folge von Gegenteiligem war Gegenteiliges.

Zwei unter ihnen hatten gehört, daß die Leute zuzeiten mit Tauschen guten Gewinn machen konnten. Kürzlich beim Verzehr des kaiserlichen Gastgeschenks war ihnen beim Wein der Gedanke gekommen, sich auch einmal darin zu versuchen. Sie brauchten ja nur ihre Häuser zu tauschen.

So pflegt's allerorten zu gehen:

Wenn der Wein sich eingeschlichen,
ist der Verstand ausgewichen.

Damals wohnten die Bauern noch in viel kleineren Häusern als heutigentags, wo sie sich wahre Paläste zugelegt haben. Der eine, der in Schilda ganz am oberen Ende wohnte, brachte sein Haus stückweis' hinunter zum anderen Ende, wo der andere wohnte. Jener tat das gleiche, nur umgekehrt.

Also hatten sie Wort gehalten und den Tausch vollzogen. Wer hierüber nicht lachen kann, der salze es mit dem, was im nachfolgenden vermeldet wird.

31. Kapitel

Wie der Schultheiß seinem Sohn die Hochzeit ausrichtet.

Der Schultheiß hatte einen erwachsenen Sohn, für den es Zeit war, sich ein Weib zu nehmen. Deshalb ermunterte sein Vater ihn, abends in die Spinnstuben zu gehen und sich nach einem schönen Mägdlein umzusehen.

»Ja«, meinte der Sohn, »was soll ich aber sagen?«

»Ach was«, erwiderte die Mutter, »es gibt ein Wort das andere.«

Der gute Junge traf viele hübsche Mägdlein in den Spinnstuben, doch wenn sie ihn etwas fragten, antwortete er nichts weiter, als: »Es gibt ein Wort das andere; es gibt ein Wort das andere.« Da lachten sie ihn aus, und keine wollte ihn haben.

Nur des Schweinehirten Tochter, die der Schultheiß dem Sohn des Kaisers kurz zuvor hatte verschaffen wollen, hatte ein Auge auf ihn geworfen. Das gefiel ihm, und er beredete sie, daß sie ihn mit heimnähme zur Nacht. Und wenn sie drei Tage darüber Schweigen bewahren könne, wolle er sie auch zur Kirche führen.

Nach gemeinsam verbrachter Nacht stand das Mägdlein am Morgen heimlich aus dem Bette auf und bat ihre Mutter, an ihrer statt die Kühe zu melken, denn des Schultheißen Sohn liege bei ihr und, welch großes Glück, er wolle sie ehelichen.

Der Bursche hörte das alles, ließ sich aber nichts anmerken. Er dachte bereits an eine, die hochgeschorener war als die Schweinehirtin. Am nächsten Tage ging er hin und freite die andere.

Da hieß es, sogleich die Hochzeit ausrichten. Der Schultheiß wollte sogar seine liebste Geiß hergeben, die er aufgezogen und schon zehn Jahre um sich hatte. Doch von der Schlachtbank her sah sie ihn mit verdrehtem Hals so vertrauensvoll an, daß ihm ganz weh zumute wurde und er die Axt wieder sinken ließ. Auch die Frau Schultheißin kam gelaufen und rief: »Sie erbarmt mich, als wäre sie mein leiblich Kind!« Da ließen sie die Geiß am Leben und sahen sich nach anderem Hochzeitsbraten um.

Beim Kirchgang zogen alle, in Ehrbarkeit und wie es Brauch ist, paarweise daher. Die Braut mit den Weibern voran, die Männer mit dem Bräutigam hinterdrein. Plötzlich drängte sich des Schweinehirten Tochter heran und beschimpfte den Bräutigam wie einen lahmen Gaul, er solle gefälligst halten, was er ihr versprochen. Er verteidigte sich, so gut er konnte. Sie hätte ihm drei Tage Stillschweigen zugesagt und es auch nicht gehalten. Es gab ein großes Getümmel, aber schließlich wurde das gute Mädchen abgewiesen und der Kirchgang ging weiter.

Die Braut hatte das Gezeter wohl gehört, durfte sich aber nicht umschauen, weil sie in ihrem Staat prangen mußte wie eine Geiß am Strick. Auch über die Tischsitten hatte die Brautmutter sie unterwiesen. Züchtig sollte sie sein, nur mit halbem Munde reden, die Speisen mit zwei Fingern anfassen und keinesfalls die Finger ablecken. Wenn abgegessen sei, solle sie die Beine fein auf den Tisch neben den Teller legen.

An der Tafel dann hat die Tochter alles beherzigt. Beim Reden hielt sie den Mund auf der einen Seite zu, die Erbsen klaubte sie mit den beiden Schleckfingern, rechts und links, aus der Schüssel heraus und aß eine nach der anderen. Danach streckte sie die Hände hoch und schrie ihrer Mutter zu: »Wer schleckt mir jetzt die Finger ab?«

»Wisch' sie ans Tischtuch«, befahl die Mutter ärgerlich.

Als das Essen vorüber war, gedachte die Braut abermals ihrer Mutter Lehren. Sie ließ den Tisch etwas abrücken, lüftete ihre Beine (nicht etwa die vom Gebratenen übriggebliebenen Beinlein, sondern ihre eigenen festen Ständer) und legte sie neben ihren Teller, auf jede Seite eins, denn anders wollte sich's nicht schicken. Ob es sehr unbequem war und ihr deswegen ein Wind herausfuhr, daß davon die Lichter ausgingen, etlichen die Hüte von den Köpfen flogen und es scharf wie Bisam roch, das ist schwer zu sagen.

Es tat aber dem Fest keinen Abbruch, und der Ehrenwerteste nach dem Schultheiß machte zuletzt seine Reverenz in aller Namen. Er dankte den Ehrsamen, Züchtigen, Tugendreichen, den Brauteltern und der ganzen Braut-Ehrenfreundschaft herzlich für Speis' und Trank.

Alsdann wurden die jungen Eheleute ins Hochzeitsgemach geführt und der damals beliebte Benzenauer vor der Tür gesungen. Wie die beiden nun in Freuden das Bett schier zerbrachen, fragte die Braut ihren Schatz, was denn des Schweinehirten Tochter beim Kirchgang von ihm gewollt habe.

Er druckste herum und hätte es gern für sich behalten, doch endlich mußte er's sagen, sonst hätte sie ihm die Brautnacht verdorben. Als er damit herausrückte, spottete die Braut über die Schweinehirtin, die es nicht drei Tage hatte für sich behalten können.

»Welch eine Närrin!« rief sie. »Nicht mal drei Tage konnte sie's für sich behalten. Ich habe zwei Jahre meines Vaters Knechten beigelegen und hab's keinem Menschen gesagt, außer jetzt dir.«

Das verschlug dem Bräutigam schier die Sprache. Da hatte er einen schlechten Handel gemacht, hatte ein Roß für eine Pfeife gegeben, wie man zu sagen pflegt. Nun mußte er's schlucken, ob er wollte oder nicht.

32. Kapitel

Wie die Schildbürger das Gras auf einer alten Mauer durch ihr Vieh wollen abweiden lassen.

Die Schildbürger waren ständig darauf bedacht, den allgemeinen Nutzen zu vergrößern. Eines Tages besahen sie sich angelegentlich eine alte Mauer, die von einem verfallenen Hause übriggeblieben war, und erwogen, ob die Steine nicht irgendwo verwendet werden könnten.

Nun war auf der Mauer schönes langes Gras gewachsen, und alle bedauerten, daß es da oben so nutzlos verwelken sollte. Sie beratschlagten also, wie sie es am besten abernten könnten.

Einige meinten, man müßte es abmähen, doch wollte sich keiner auf die Mauer wagen. Andere bedauerten, daß sie keinen Schützen in der Bürgerschaft hatten, der es mit einem Pfeil abschießen könnte. Endlich mischte sich der Schultheiß ein und riet, das Vieh auf die Mauer zu lassen, das würde es schon abweiden, und man brauchte es weder zu mähen noch abzuschießen.

Diesem Rat stimmte die ganze Gemeinde zu. Zum Dank dafür sollte des Schultheißen Kuh als erste auf das saftige Gras losgelassen werden. Sie legten der Kuh ein starkes Seil um den Hals, warfen es über die Mauer

und fingen von der anderen Seite an zu ziehen. Als sich aber die Schlinge zusammenzog, fing die Kuh an zu würgen.
Ein besonders langgewachsener Schildbürger sah schon ihren Kopf mit weit herausgestreckter Zunge über der Mauer, und er schrie: »Zieht, zieht! Leib und Seel' hängen aneinander.«
Auch der Schultheiß feuerte die Burschen an: »Zieht noch einmal, zieht! Sie hat das Gras schon geschmeckt und die Zunge danach ausgestreckt. Zieht, zieht, es läppert sie danach, sie ist bald droben! Ach nein, wie ist sie ungeschickt, sie kann sich selber nicht helfen, man muß sie vollends hinaufstoßen.«
Vergebliche Müh', die Schildbürger brachten die Kuh nicht hinauf. Und als sie sie herabließen, war sie tot. Darüber waren sie nicht sonderlich betrübt, denn nun hatten sie wieder etwas zu metzgen, und sie hielten gemeinsam Schlachtefest.

33. Kapitel

Von einer Schildbürgerin, die mit Eiern zu Markte ging und für sich eine wunderliche Rechnung aufmachte.

Ein allseits bekanntes Sprichwort sagt, man solle nie die Rechnung ohne den Wirt machen:

Das Hoffen und das lange Harren
gewißlich machet manchen Narren.
Wer vor dem Wirt die Zech' will machen,
der ratet übel seinen Sachen;

macht er zu wenig oder zu viel,
so hat er schon verloren Spiel.
Doch muß man gelten lassen das:
Wer wohl wähnt, dem ist desto baß.

So erging es einer Schildbürgerin, die nur eine einzige Henne besaß. Sie sammelte so lange die Eier der Henne, bis sie für drei Groschen hatte. Die legte sie in ein Körblein und ging damit in die Stadt zu Markte. Unterwegs kamen ihr so allerlei Gedanken, ihren Eierhandel betreffend, und sie redete mit sich selber den ganzen Weg lang. Und so sah ihre Rechnung aus:
»Wenn ich für die Eier drei Groschen auf dem Markte bekommen habe, kaufe ich mir zwei Legehennen. Dann habe ich mit meiner alten zusammen schon drei. Die legen mir dreimal so viel Eier wie die eine, und ich kann mir für den Erlös drei Hennen dazukaufen. Das sind dann sechs, und die legen in einem Monat soundsoviel Eier, zum Verkauf. Da kann man selber schon mal ein halbes Ei essen.
Die jungen Hennen lasse ich brüten, ziehe Kücken auf und verkaufe welche. Die alten Hennen schlachte ich, rupfe sie und kaufe von dem zusammengelegten Geld etliche Gänse. So habe ich Nutzen von Eiern, Federn und Jungen.
Dann werde ich mir eine Geiß kaufen, die mir Milch und junge Zicklein bringt, vielleicht sogar Wolle, wenn sie sich scheren läßt. Also habe ich Nutzen von Hühnern, Gänsen und der Geiß.
Alsdann werde ich mir ein Mutterschwein kaufen, so kommt zum vorigen Nutzen ein neuer dazu, mit Ferkeln, Speck, Würsten und anderem.
Der Erlös wird für eine Kuh reichen. Die liefert Milch, Kälber und Mist. Zum Mist muß ein Acker her.

Man braucht dann kein Korn mehr zu kaufen, kann Pferde anschaffen, Schafe und schließlich das Haus vergrößern, Land dazukaufen und Gesinde einstellen, denn alles bringt ja wiederum Gewinn: Äcker, Wiesen und der Hauszins. Sogar die Hörner der Kühe. Die werde ich absägen und dem Messerschmied verkaufen. Einen jungen Mann will ich mir auch suchen, mit dem ich in Freuden leben und die gnädige Frau spielen kann. Keinem mehr ein gut Wort geben müssen — juho, juheiao, hoppsassa! Drei Finger im Salzfaß, der Bauern Wappen, ist meins nicht mehr!«
Die gute Frau hatte sich so in ihre Gedanken verstiegen, daß es ihr ging wie einem Betrunkenen, der sich nicht mehr zu beherrschen weiß. Denn als sie juheiaohoppsassa rief, schwenkte sie ihren Arm hoch, wie um einen Sprung zu tun, wobei ihr der Korb aus der Hand fiel und die Eier allesamt zerbrachen. Da lag all ihre Gnädige-Frauschaft im Dreck. Wer Lust hat, sie aufzulesen, mag ihr gnädiger Herr wohl werden.

34. Kapitel

Wie die Schildbürger eine lange Wurst machten und sie nicht kochen konnten.

Die Schildbürger hatten einmal ein gutes, fettes Schwein, das wollten sie recht lange füttern und mästen. Aber als es sich eines Tages in einer Scheune über den Hafer hermachte, tat es des Guten zu viel. Es wurde verklagt und von der ganzen Gemeinde als Dieb zum Tode verurteilt. Weil es sozusagen mit verbotenem Fressen sein Leben verwirkt hatte, sollte es zur Strafe

nun selbst gegessen werden. Also lautete das Urteil, daß sein ganzes Hab und Gut, Haut und Haar den Richtern zufiel.
So wurde das Urteil mit dem Messer vollstreckt. Um alles gut zu verwerten, wollten die Schildbürger auch Würste machen. Sie wuschen das Gedärm und füllten es, so lang es war, mit Speck, Blut, Leber, Lungen, Hirn, kleinen Knöchlein und anderem, und machten so eine einzige Wurst daraus, die so lang war wie der ganze Darm.
Als sie die Wurst jedoch kochen wollten, um sie als Vorspeise zu verzehren, konnten sie keinen passenden Topf finden. Denn die Schildbürger meinten wahrhaftig, der Topf müßte so lang sein wie die Wurst. Es traute sich auch kein Töpfer zu, ihnen einen passenden zu machen.
Recht mißmutig ging einer der enttäuschten Schildischen die Straße hinab. Eine Schar Gänse, die ihm über den Weg lief, fing an zu schreien: »Gigag, gigag!« Der Schildbürger aber verstand: »Zwiefach, zwiefach!«
Geschwind kehrte er um und sagte den anderen, es wäre doch eine Schande, daß sie sich erst müßten von den Gänsen belehren lassen, die Wurst zwiefach in den Topf zu legen.
Gemeinsam bedachten sie es gründlich, und sie waren gewitzt genug, um sich zu sagen: was sich zweit, das dreit sich auch gern. Könnte man die Wurst zwiefach kochen, dann gewiß auch dreifach, vierfach oder mehrfach. Also legten sie die Wurst so oftfach zusammen, bis sie in einen gewöhnlichen Topf paßte.
Nach dem Kochen mußte jeweils einer von ihnen den Zipfel mit dem Munde festhalten, die anderen fuhren ihm mit der Wurst um den Kopf herum, und wenn sie zum drittenmal zum Munde kamen, biß er ab. Das war sein Teil.

Daher rührt das Sprichwort, bekannt bis auf den heutigen Tag: Man muß dir eine Wurst braten, die dir dreimal ums Maul geht.

35. Kapitel

Wie ein Schildbürger mit einem Mühlstein am Halse hinweglief.

Einst hatten die Schildbürger eine Mühle gebaut. Den Mühlstein, den sie dazu brauchten, schlugen sie in einer Steingrube los, hoch oben auf einem Berg. Als sie ihn mit großer Mühe und Plage den Berg hinabgetragen hatten, fiel ihnen ein, wie einfach es damals mit den Bauhölzern gegangen war, die sie für ihr Rathaus gebraucht hatten. Und sie sprachen untereinander:
»Was sind wir doch für Narren, daß wir uns so plagen! Mit viel weniger Mühe hätten wir dasselbe ausrichten können. Wir wollen doch den Stein wieder hinaufbalgen und ihn selbst hinablaufen lassen wie damals das Bauholz.«
Sie schleppten also den Stein mit viel größerer Mühe den Berg wieder hinauf. Als sie ihn gerade hinabstoßen wollten, sagte einer der Schildbürger:
»Wie sollen wir aber wissen, wohin er gelaufen ist? Unten ist ja niemand, der es uns sagen könnte.«
Doch der Schultheiß wußte Rat: »Einer von uns muß seinen Kopf durch das Loch stecken und mit hinablaufen.«
Die Mühlsteine haben nämlich in der Mitte ein großes Loch. So wurde einer gewählt, der seinen Kopf durch das Loch stecken und mit hinablaufen mußte.

Am Fuße des Berges war ein tiefer Fischweiher. Dahinein plumpste der Stein samt dem Schildischen. Nun hatte die Gemeinde beide verloren, denn keiner wußte, wo sie geblieben waren. Sie argwöhnten aber, daß der Geselle mit dem Mühlstein entlaufen sei und hielten ihn für einen Dieb.
In allen umliegenden Städten, Dörfern und Flecken ließen sie deshalb öffentliche Briefe anschlagen. Wo sich einer mit einem Mühlstein am Halse blicken ließe, solle man ihn festnehmen, denn er habe Gemeingut gestohlen.
Derweil lag der arme Teufel im Weiher und war tot. Die schwere Last hatte ihn dermaßen gedrückt und so tief hinuntergezogen, daß er keinem mehr zu verstehen geben konnte, wie gern er ihnen ihr Eigentum wieder zugestellt hätte. Nur hatte er eben mehr Wasser saufen müssen, als ihm gut war.

36. Kapitel

Was die Schildbürger aus Mitleid mit einem Nußbaum unternommen haben.

In der Nähe von Schilda floß ein Wasser vorüber, an dessen Gestade ein großer Nußbaum haushielt. Einer seiner Äste hing so tief herab, daß er fast das Wasser berührte. Wenn einer an einem so dürren Ort steht, müsse er seinen Schnabel wohl nach einem Trunke ausstrekken, meinte der Schultheiß, nachdem die Schildbürger Rat gehalten, welche Bewandtnis es mit dem guten Nußbaum haben könnte.
Nun tat ihnen der Baum leid, denn sein Schnabel er-

reichte das Wasser nicht. Da beschlossen sie als Werk der Barmherzigkeit, dem Baum zu trinken zu geben. Sie legten ihm oben ein großes Seil um, stellten sich jenseits des Wassers auf und zogen ihn mit Gewalt herab. Als sie ihn kurz überm Wasser hatten, mußte ein kräftiger Bauer auf den Baum steigen, um den Schnabel vollends ins Wasser zu tunken. Indem der nun den Ast eintaucht, reißt das Seil, der Baum schnellt wieder hoch, und ein harter Ast schlägt dem Schildbürger den Kopf ab.

Der Kopf plumpst, ungesehen von den anderen, ins Wasser, der Körper aber fällt vom Baum.

Die Schildbürger erschraken sehr. Sie traten stehenden Fußes zusammen zum Gericht und hielten Umfrage, ob der Bauer wohl noch seinen Kopf hatte, als er auf den Baum gestiegen war. Darauf konnte sich keiner besinnen.

Der Schultheiß allerdings mutmaßte, der Mann hätte schon keinen mehr gehabt, als sie hinausgingen. Drei- oder viermal habe er ihn gerufen, aber keine Antwort bekommen. Daraus müsse man logischerweise schließen: Habe einer nicht gehört, so hätte er keine Ohren. Habe einer keine Ohren, so hätte er keinen Kopf, denn die Ohren stünden ja am Kopfe. Doch um ganz sicher zu gehen, solle man nach seinem Weibe schicken und fragen lassen, ob ihr Mann am Morgen beim Aufstehen seinen Kopf noch gehabt hätte.

Die Frau sagte den Boten, sie wisse es nicht. Nur so viel sei ihr bewußt, daß am vergangenen Samstag, als sie ihn gewaschen und viel Unflat hinter seinen Ohren weggeschrubbt hätte, sein Kopf noch dran war. Seitdem allerdings habe sie nicht sonderlich darauf achtgegeben.

»An der Wand dort«, sagte sie, »hängt sein alter Hut. Wenn der Kopf nicht drinsteckt, wird er ihn wohl mit

hinausgenommen oder anderswo hingelegt haben, was ich nicht wissen kann.«
Also sahen die Boten unter den Hut, aber da war nichts. Noch heutigentags kann in Schilda niemand mit Bestimmtheit sagen, ob der Bauer seinen Kopf daheimgelassen oder mitgenommen hatte.

37. Kapitel

Ein Schildbürger wollte vom anderen einen Wagen leihen.

Zwei Bauern zu Schilda hatten ihre Häuser nahe beieinander. An einem Morgen ganz früh, etwa um die achte Stunde, kam der eine ans Fenster des Nachbarn und klopfte mit dem Finger an. Nicht etwa grob mit dem Stiefel!
Der andere lag noch hinterm Ofen im Neste, mochte vor Faulheit nicht aus der Streu und schrie laut:
»Wer klopft da so früh?«
»Ich bin's, Nachbar«, sprach der andere, »was macht Ihr denn?«
Der in der Stube antwortete: »Ich liege hier und schlafe. Was beliebt Euch, Nachbar?«
Der vor dem Fenster sprach: »Wenn Ihr nicht schliefet, wollte ich Euch um Euren Wagen gebeten haben. Aber ich will nach einer Weile wiederkommen, wenn Ihr erwacht seid.«
»Das macht man«, knurrte der in den Strohfedern.
Und beide vermeinten, wenn einer im Bett liege, so schlafe er auch.

38. Kapitel

Wie ein Schildbürger sein Pferd verlor, indem er der Schildbürger Ehre retten wollte.

Ein Schildbürger hatte gehört, daß man niemandem zu viel zumuten dürfe und keinem mehr aufladen solle, als er ertragen kann. Da er ein Müller war und oftmals Mehl und Korn von und zur Mühle zu besorgen hatte, gewöhnte er sich an, sich auf sein Pferd zu setzen und die vollen Säcke auf die Schultern zu nehmen. So, meinte er, beschwere er das arme Tier weniger als gewöhnlich. Dergleichen Rücksicht nehmen manche Leute nicht einmal auf ihre Dienstboten; im Gegenteil, wenn sie sie zu Eseln machen könnten, sie täten es wohl.

Jener gute Müller ritt nun eines Tages durch die Felder gen Schilda. Da beobachtete er, wie ein fremder Kuckuck mit dem Schildischen Kuckuck ein Scharmützel abhielt, nachdem sie zuvor schon eine Weile auf zwei Bäumen gegeneinander gekuckut hatten. Als der Schildbürger sah, daß der fremde Kuckuck dem einheimischen im Kuckun überlegen war und etwa fünfzehn Kuckucke mehr kuckute als der andere, stieg er zornig von seinem Roß ab und auf den Baum hinauf zu seinem Kuckuck. Dem half er so lange und so viel kuckun, bis der fremde Kuckuck aufgab.

Inzwischen kam ein Wolf und fraß sein Pferd unter dem Baum. Dennoch stieg der Müller nicht eher hinab, als bis der fremde Kuckuck, dieser Gauch, endgültig verjagt war. So blieb ihm nichts anderes übrig, als auf Schusters Rappen nach Hause zu reiten.

Dort erzählte er dem Ehrwürdigen Rat, wie er ihrem

Kuckuck Beistand geleistet habe, des allgemeinen Nutzens wegen und um Schildas Ehre zu retten. Während des ernsthaften Wettstreits mit dem fremden Gauch sei ihm allerdings ein ernsthafter Schaden widerfahren. Der Teufel möge es dem Wolf heimzahlen, denn der habe unterdes sein Roß gefressen. Nun hoffe er, man werde ihm zu einem neuen Roß verhelfen.
Nach kurzer Beratung waren sich die Ratsherren einig, daß ein Schildbürger, der so auf die Ehre aller Schildischen bedacht sei, keinen Schaden davontragen dürfe. Sie beschlossen, aus dem Gemeindesäckel ein neues Roß zu kaufen und dem guten Müller eine Anerkennung obendrein zu zahlen.

39. Kapitel

Die Schildbürger verbergen ihre Glocke im See.

Es kam auch eine Zeit, da war viel Kriegsgeschrei ringsum im Land, und die Schildbürger fürchteten um ihr Hab und Gut beim Einbruch der Feinde. Vor allem waren sie besorgt um ihre Glocke, die auf dem Rathaus hing, daß man sie ihnen nicht fortnähme, um Büchsen daraus zu gießen. Sie kamen überein, die Glocke bis zum Ende des Krieges in den See zu versenken und sie erst nach dem Abzug der Feinde wieder herauszuziehen und an ihrem Platz aufzuhängen. So fuhren sie in einem Schiff mit der Glocke auf den See hinaus. Als sie aber die Glocke gerade hinunterlassen wollten, sagte einer der Schildbürger:

»Wie wollen wir denn die Stelle wiederfinden, wo wir sie versenkt haben?«
»Darüber laß dir keine grauen Haare wachsen«, entgegnete der Schultheiß. Er nahm ein Messer und schnitt einen Kerb in den Bootsrand, genau an der Stelle wo sie die Glocke hinauswerfen wollten.
»Hier bei diesem Schnitt werden wir sie wiederfinden«, sprach er. Und sie versenkten die Glocke.
Nachdem wieder Ruhe im Land eingezogen war, fuhren sie erneut auf den See, um ihre Glocke zu holen. Die Kerbe am Schiff fanden sie wohl, nicht aber die Stelle im Wasser, wo sie die Glocke versenkt hatten.
So gingen sie ihrer guten Glocke verlustig, bis auf den heutigen Tag.

40. Kapitel

Von einem Reiter zu Schilda.

Einmal mußte ein Schildbürger mit anderen Männern ausreiten. Immer wenn jene abstiegen, stieg auch er ab. Saßen die anderen wieder auf, blieb er so lange stehen, bis auch der letzte im Sattel war. Dann erst bestieg er sein Roß und ritt mit ihnen weiter.
Als sich einer über sein Benehmen wunderte, erklärte ihm der Schildbürger, er könne sein Roß nicht von den anderen Rössern unterscheiden und fürchte immer, auf ein fremdes zu steigen. Säßen alle im Sattel, so wüßte er, daß das übriggebliebene seines sei. Hä-hä-hä!
Sie ritten auch durch ein Dorf, wo die bösen Buben auf

der Gasse mit Steinen warfen. Einer traf wie von ungefähr den Schildischen Reiter an den Hinterkopf. Der, nicht faul, steigt ab und bittet einen anderen Reiter, mit ihm das Roß zu tauschen. Der war's zufrieden, fragte aber den Schildbürger später, warum er habe wechseln wollen.
Listig antwortete dieser, daß beim Reiten durchs Dorf sein Pferd ausgeschlagen und ihm eins hinter die Ohren gegeben habe. Da wäre ihm die Lust vergangen, auf ihm zu reiten.
Er hatte den Steinwurf des Buben nicht gesehen, und da kein Esel in der Nähe war, mußte es eben sein Pferd gewesen sein.

41. Kapitel

Eine merkwürdige Geschichte, die sich mit einem Krebs zu Schilda zugetragen.

Ein unschuldiger Krebs war in die Irre gegangen und geriet, auf der Suche nach einem Versteck, nach Schilda. Die Schildbürger hatten noch nie so ein Tier gesehen und erschraken über die Maßen, als sie bemerkten, daß es so viele Füße hatte, vor- und rückwärts gehen konnte, und was ein ehrlicher Krebs sonst noch Absonderliches tun kann. Sie läuteten Sturm, und die Gemeinde versammelte sich um das unheimliche Tier, ganz ratlos, was es wohl sein könnte. Schließlich meinte der Schultheiß, es sei vielleicht ein Schneider, weil es zwei Scheren bei sich habe.
Um das zu ergründen, legten es die Schildbürger auf ein Stück Londoner Tuch, woraus die Bauern ihre Män-

tel (auch Wölfe genannt) machen. Wo nun der Krebs entlangkroch, schnitt ihm einer mit der Schere nach, denn sie dachten sich, der Krebs als ein rechter Meisterschneider entwerfe den Schnitt zu einem neuartigen Gewand, was sie wohl gerne nachgeäfft hätten. Jedoch kroch der Krebs so in die Kreuz und die Quer', daß sie das Tuch gänzlich zerschnitten und es zu nichts mehr nutze war.
Da sie sich nun betrogen sahen, rief einer seinen Sohn herbei, der angeblich viel gesehen und erfahren haben wollte, als er in drei Tagen zwei Meilen die Kreuz und die Quer' gewandert war.
Der Bursche besah sich das Tier von allen Seiten und wußte nicht einmal, wo er es angreifen sollte oder wo es den Kopf hatte. Wenn der Krebs rückwärts kroch, meinte er, der Kopf säße am Schwanz. Schließlich erklärte er:
»Bei den vielen Wunderdingen, die ich unterwegs gesehen habe, ist mir so etwas nicht vorgekommen. Wenn ich dennoch sagen soll, was es für ein Tier ist, so gibt mir mein hoher Verstand ein: Wenn es nicht eine Taube oder ein Storch ist, dann ist es gewiß ein Hirsch. Eins von den dreien muß es bestimmt sein.«
Nun wußten die Schildbürger freilich genau so viel wie zuvor. Als einer den Krebs angreifen wollte, zwickte der ihn mit der Schere so kräftig, daß der Bursche laut um Hilfe rief und schrie:
»Es ist ein Mörder, ein Mörder!«
Da hatten auch die anderen genug von dem fremden Eindringling. Am selben Platz, wo der Bursche gebissen worden, beriefen sie alsbald, sofort, auf der Stelle und ohne Verzug das Gericht ein und ließen über den Krebs das Urteil ergehen, das etwa folgendermaßen lautete:

Da niemand wisse, was dies für ein Tier sei, es sich jedoch als Schneider ausgegeben habe, wäre es ein leutebetrügendes und schädliches Tier, ja sogar ein Mörder. Also werde einstimmig beschlossen, daß es als Leutebetrüger und Mörder gerichtet und mit dem Tode des Ertrinkens zu bestrafen sei.
Um das Urteil zu vollstrecken, nahm einer den Krebs auf ein Brett und trug ihn zum Wasser. Die ganze Gemeinde zog mit. Im Beisein aller wurde er ins Wasser geworfen.
Als der Krebs die wohlige Nässe des Baches spürte, zappelte er und kroch rückwärts. Die Schildbürger sahen es und dachten, er zapple in Todesangst. Etliche weinten sogar und sprachen:
»Schaut doch nur, wie tut der Tod ihm so weh!«

42. Kapitel

Wie die Schildbürger ihrem Kaiser Volk zuschickten und wie es einem ihrer Soldaten erging.

Das Kriegsgeschrei, um dessentwillen die Schildbürger ihre Glocke im tiefen See versenkt hatten, war nicht ganz unbegründet. Nach wenigen Tagen schon kam Befehl, etliche Knechte zur Besatzung in die Stadt zu schicken.
Einem davon, der nicht der schlechteste war, begegnete bei seinem Einzug in die Stadt der Kuhhirt, der seine Kühe, Kälber und Ochsen gerade austreiben wollte. Der Schildbürger spreizte und plusterte sich vor Tatendrang, und als ihn eine Kuh mit ihrem Horn nur ein

klein wenig berührte, zog er seinen Dolch, fuchtelte vor der Kuh damit herum und sprach:
»Bist du eine ehrliche und redliche Kuh, so stoße mich noch einmal!«
Aber die Kuh gab nicht das kleinste Gixlein von sich und trottete dumm und stumm an ihm vorbei.
Unser Schildbürger, der also in der Stadt Kriegsdienste tun mußte, fand einmal ein halbes Hufeisen. Das steckte er sich unter den Gürtel, und tatsächlich prallte einmal ein Schuß daran ab. Sogleich behängte er seinen ganzen Gürtel ringsum mit Hufeisen, anstelle eines Harnischs.
Ein andermal fand er ein Panzerstück, etwa eine Handbreit groß. Und weil er sich gerade ein neues Wams machen ließ, befahl er dem Schneider, das Panzerstück so unter das Futter des Wamses einzunähen, daß es vor das Herz zu sitzen käme. Er hatte seine Erfahrung und war sich desto sicherer, daß er nun einen Puff vertragen konnte.
Als sie einmal aus der befestigten Stadt einen Ausfall machten, um bei den Bauern auf den Dörfern Hühner und Gänse zu erbeuten, war unser Schildbürger auch dabei. Zu spät bemerkte er, daß sich die Bauern zur Wehr setzten. Er wurde gejagt und wollte über einen Zaun springen, blieb jedoch mit der Hose an einem Zaunspfahl hängen. Da stach einer der Bauern mit seiner Hellebarde nach ihm. Der Schildische fiel vollends hinüber und lief, ohne von dem Stich etwas zu spüren, stracks davon.
Als er sich in Sicherheit wußte, besah er sich seinen Hosenboden, um festzustellen, was den Stich aufgehalten hatte. Da entdeckte er, daß der Schneider das Panzerstück direkt vor dem Hintern ins Futter eingenäht hatte.
»Ei«, sprach da der Schildbürger vergnügt, »nun sehe

mir einer diesen klugen Schneider an! Er hat besser gewußt als ich, wo einem rechten Schildbürger das Herz sitzt.«

43. Kapitel

Wie ein Schildbürger seinen Sohn in die Schule führt.

Einer der namhaften Schildbürger nahm seinen Sohn mit in die Stadt. Denn wie man einen jungen Baum beizeiten biegen soll, so muß man die Jugend rechtzeitig belehren und die Zeit wohl nutzen.
Zuerst kaufte er dem Sohn ein Paar Schuhe für bare achtzehn Groschen. Dann nahm er ihn bei der Hand, um ihn dem Schulmeister zuzuführen. Der fragte, wie alt der Bursche sei und ob er denn gar nichts könne.
»Nein«, sprach der Vater, »er kann noch nichts, denn er ist erst dreißig Jahre alt.«
Worauf der Schulmeister sehr betroffen war und meinte, es werde schwerhalten, ihm jetzt noch etwas beizubringen.
»Zum Teufel«, sagte der Schildbürger, »was sollte einer schon in dreißig Jahren lernen! Ich bin fünfundsechzig Jahre und einen Tag alt und habe einen Dreck gelernt.«
Unterdes ging die Tür zur Schulstube auf, und der Schildbürger sah den Hilfslehrer über einem Knaben die Rute schwingen. Da sagte der Schildbürger kleinlaut: »So gar gelehrt und geschickt braucht mein Sohn doch nicht zu werden, das liegt unserem Geschlecht nicht. Es genügt, wenn er wie der dort versteht die Rute zu schwingen.«
»Wir wollen an ihm unser Bestes tun«, sagte der Schul-

meister und hieß das dreißigjährige Hänselein hineingehen.
»Macht es aber kurz mit ihm, für mein Geld«, sagte der Vater. »Ich will ihn wieder mit heimnehmen. Der Hufschmied soll mir nur mein Pferd beschlagen, dann hole ich ihn wieder ab und will Euch ein gut Geld geben.«
Da schob ihm der Schulmeister das Hänselein wieder zu und sagte: »Nimm ihn nur gleich jetzt mit, denn in so kurzer Zeit kann ich bei ihm nichts ausrichten.«
Also nahm der Vater seinen Sohn bei der Hand und führte ihn wieder heim zur Mutter.

44. Kapitel

Wie die Schildbürger einen Maushund und hiermit ihr Verderben kaufen.

Nun hatten die Schildbürger keine Katzen, jedoch so viel Mäuse, daß alles, was sie nur aus der Hand ließen, gefressen und zernagt wurde. Nicht einmal das Brot im Brotkorb war mehr sicher, und es ward ihnen angst und bange.
Um diese Zeit kehrte ein Wandersmann im Wirtshaus ein, der trug eine Katze auf dem Arm. Als der Wirt ihn fragte, was es für ein Tier sei, sagte er: »Ein Maushund.«
Die Mäuse waren in Schilda so heimisch und zahm, daß der Fremde die Katze nur brauchte laufen zu lassen, und schon erlegte sie eine Maus nach der anderen.
Das vermeldete der Wirt eiligst dem Ehrwürdigen Rate.
Da fragten die Schildischen den Wandersmann, ob

ihm der Maushund feil wäre, sie wollten ihn gut bezahlen.
Der Fremde antwortete, eigentlich sei er ihm nicht feil, aber da sie ihn so nötig hätten, wolle er ihn für hundert Gulden ihnen überlassen.
Über den Preis waren die Schildbürger froh, und sie wurden schnell handelseinig. Die Hälfte bekam der Gesell bar auf die Hand, das übrige sollte er nach einem halben Jahr holen kommen.
So trug der Fremde den Maushund in der Schildbürger Burg, wo sie ihr Getreide aufbewahrten und wo die meisten Mäuse waren. Dann machte er sich mit dem halben Geld geschwind auf den Weg und schaute sich oftmals um, ob ihm jemand folge. Denn er fürchtete, die Schildbürger könnten den Handel bereuen.
Die hatten aber vergessen zu fragen, womit man den Maushund füttern solle. Darum schickten sie dem Wandersmann einen Bauern nach, der ihn fragen sollte.
Als der Fremde sah, daß ihm jemand nacheilte, rannte er um so mehr. Der Schildbürger konnte ihn nicht einholen, so sehr er sich auch beeilte. Schließlich schrie er von ferne:
»Was ißt er?«
Er bekam als Antwort: »Was man ihm beut! Was man ihm beut!«
Dem Schildbürger aber klang es wie: Vieh und Leut'! Vieh und Leut'! Angstvoll und verdrossen kehrte er heim und berichtete es so dem Rate.
Alle erschraken sehr und meinten: »Wenn der Maushund keine Mäuse mehr zu fressen hat, wird er danach unser Vieh fressen und schließlich uns selbst.«
So faßten sie einhellig den Beschluß, die Katze zu töten. Aber keiner wagte, sie anzufassen. Da einigten sie sich, den Maushund in der Burg mitsamt dem Getreide zu

verbrennen. Dieser Schaden wäre immer noch geringer, als wenn sie alle um Leib und Leben kämen.
Kaum daß die Katze das Feuer roch, sprang sie aus dem Fenster und floh in eines Schildbürgers Haus. Unterdessen brannte die Burg bis auf den Grund herunter.
Nie waren die Schildbürger verängstigter gewesen als in den Tagen, da sie sich des Maushundes entledigen wollten. Sie hielten wiederum Rat, kauften das Haus, in dem die Katze saß, und zündeten es ebenfalls an.
Die Katze aber sprang aufs Dach und blieb dort eine Weile sitzen, um sich zu putzen. Nach Katzenart hob sie dabei ihr Pfötchen und fuhr sich über den Kopf. Den Schildbürgern erschien es so, als hebe sie die Hand auf und schwöre finstere Rache.
Ein Mutiger versuchte, mit einem langen Spieß nach der Katze zu stechen. Die aber ergriff den Spieß und fing an, daran herabzulaufen. Darüber erschraken alle so sehr, daß sie davonrannten und das Feuer brennen ließen. Und weil niemand dem Feuer Einhalt gebot und keiner zu löschen versuchte, verbrannten alle Häuser zu Schilda, bis auf eins, in dem die Katze saß. Die kam davon.
Die Schildbürger aber waren mit Weib und Kind in den Wald geflohen.
Damals verbrannte auch ihre Kanzlei, so daß über ihre Geschichten keine genauen Aufzeichnungen mehr vorhanden sind.

45. Kapitel

Wie die Schildbürger beratschlagten, andere Wohnungen zu suchen und alle hinwegzogen.

Die Schildbürger waren nun gänzlich verängstigt und wußten nicht ein noch aus. Ihre Häuser waren verbrannt, darinnen ihr Hab und Gut. Doch der Maushund, der den fürchterlichen Schwur getan hatte, lebte noch. Um seiner Rache zu entgehen, verließen sie ihre Heimat und zogen fort mit Weib und Kind. Der eine hierhin, der andere dorthinaus.

Sie ließen sich an vielen Orten nieder, pflanzten sich fort und zeugten wiederum Narren. Kein Wunder also, daß man heutigentags überall in der Welt komische Leute trifft, von denen es heißt: Wenn sie nicht von den Schildbürgern abstammen, so wurde ihnen das Possenreißen wohl von jenen beigebracht, welche sich dazumal bei ihnen häuslich eingerichtet haben.

Es ist eben ein seltsam Ding um die Torheit, sofern einer sie vorsätzlich annimmt. Mög' es jedermann zur Warnung dienen, damit er sich davor hüte wie vor einem lachenden Gift.

Wem Gott gibt, daß er klug und weise,
der so zu bleiben sich befleiße.
Wer sich selbst tut zum Narren machen,
desselben soll man billig lachen.
Wart', bis das Alter kommt mit Fug,
du wirst dann kindisch noch genug.

Ende der Historien von den Schildbürgern in Misnopotamia.

Nachwort

Vor rund dreißig Jahren legte der Hinstorff Verlag das Schildbürgerbuch von 1598 schon einmal vor. Die Herausgeberin, geboren in Schildau, war noch unbewandert in der Literaturlandschaft. Hingegen wurde für Fritz Koch-Gotha, den profilierten Maler und Graphiker, das kauzige Völkchen ins Bild zu setzen, die letzte illustratorische Arbeit.
Als der Verlag die Neuausgabe ins Auge faßte, waren just diese Blätter in Koch-Gothas Nachlaß unauffindbar. Schon in der Gedenkausstellung, die der Kunstkaten Ahrenshoop mit Unterstützung Barbara Klünders, der Tochter Fritz Koch-Gothas, anläßlich seines hundertsten Geburtstages veranstaltete, fehlten die Schildischen Schalksnarren. Große Umfrage wurde gehalten, langwierig und breit gefächert. Aus der Narrenkappe schien eine Tarnkappe geworden.
Der Sommertag, an dem sie uns endlich wieder zuzwinkerten, bleibt allen Beteiligten unvergessen. In einer Mappe wohlverwahrt hatten sie geschlummert, unter dem gleichen Dach in Althagen auf dem Fischland, wo der Meister sie vor einem halben Menschenalter zu Papier gebracht. Es kam uns wie ein Schelmenstück vor, durchaus dem angemessen, worum es geht: wunderseltsame, abenteuerliche, unerhörte Dinge auszubreiten. Und da im Schultheiß zu Schilda eine Porträtähnlichkeit mit dem vormaligen Hinstorff-Verleger Peter E. Erichsohn nicht zu verkennen ist und Fritz Koch-Gotha einigen der possenreißenden Ehrwürdigen Räte eigene Züge gegeben hat, so saßen die beiden mit am Tische bei der Arbeit an dieser Ausgabe, ungealtert, einer neuen Generation Lesern zugeneigt.
Für die Herausgeberin ist das Schildbürgerbuch nicht nur ein Stück Literatur. Schilda oder Schiltburg, wie es in älteren Ausgaben heißt, ein Flecken in Misnopotamia gelegen, brachten die Literarhistoriker des 19. Jahrhunderts mit dem

Landstädtchen Schildau bei Torgau in Verbindung. Misnopotamia mag eine Verschlüsselung des Meißnischen Landes sein. Die Ausdeutung als Zwischenstromland — zwischen Elbe, Elster, Mulde — weist ebenfalls auf jenes Gebiet des einstigen Kursachsens hin. Mit Kalekutia und der Rothwelschen Sprache wird auf das Ungeschlachte des hinterwäldlerisch behausten Landvolkes angespielt. Die Leserschaft des 16./17. Jahrhunderts — in deutschen Landen eine schmale Schicht — wußte somit bei der Vorrede schon das Salz der Ironie richtig einzuschätzen.
Meine ersten Schritte in die Welt führten über jenes Holperpflaster, wo der Bauer mit Sack und Käsemesser — so dargestellt auf dem selten gewordenen Schildbürgerbuch von 1598 — in Bundschuhen einhergeschlappt sein soll. Dem Rathaus des merkwürdig beleumdeten Städtchens gegenüber steht mein Geburtshaus. Wo immer ich meine Herkunft nannte, fand ich mich belächelt mit einer Mischung aus Amüsiertheit, Mitleid und Spott. Lebendige Erinnerung auch der Hinweis meiner Mutter auf die Windfahne des Rathaustürmchens mit der Jahreszahl 1841. Um diese Zeit habe mein Urgroßvater, Gutsbesitzer und Wassermüller, als Bürgermeister des Städtchens amtiert.
Es ist beileibe kein dreieckiges fensterloses Gebäude, für das er den Grundstein gelegt und das er zur Beförderung des allgemeinen Nutzens mit eingeweiht haben mag. Immerhin wurde mir in früher Jugend bewußt, daß ich von Mutters Seite einem alt-Schildischen Geschlecht entstamme mit nachweislich einem wackeren Schultheiß dabei. Zu der Einsicht, daß es sich auf dieser Traditionslinie durchaus achtbar weiterwandeln läßt, verhalf mir vor allem meine Deutschlehrerin, Studiendirektorin des Torgauer Lyzeums. Ausgestattet mit den Kursächsischen Streifzügen, schickte sie mich in die literaturgeschichtlichen Jagdgründe, dem rätselhaften Verfasser des Schildbürgerbuches auf die Spur. Bellemont, wie er

sich in der Ausgabe von 1603 nennt, läßt auf den kursächsischen Hofrichter und Amtshauptmann zu Wittenberg Johann Friedrich von Schönberg schließen, dessen Familienbesitz in Sitzenroda, einem Dorf unweit von Schildau lag. Bei einer Visitation in Schilda – oder Schiltau – soll er auf ungewöhnliche Widerborstigkeit gestoßen sein. Er machte sie als Selbstüberhebung der obstinaten Schildaer Bürger aktenkundig.

Erste Ansätze aufkommenden Selbstgefühls bei den Ackerbürgern in der Periode nach dem Bauernkrieg! Im ausgehenden 16. Jahrhundert forderten die Bewohner auch ländlicher Kommunen Sitz und Stimme in den Landtagen. Die demokratischen Gepflogenheiten der Schildbürger passen da genau ins Bild. Alles – so erfahren wir –, was sie zur Verwaltung und zum vermeintlichen Nutzen ihres Gemeinwesens anpacken, wird zuvor gemeinsam beraten. Beschlüsse werden erst gefaßt, wenn nach großer Umfrage und ernsthaftem Bedenken der Ehrwürdige Rat einhellig zugestimmt hat. Die Satire setzt dort ein, wo die im Grunde vernünftigen Überlegungen am falschen Objekt angewendet werden, wie zum Beispiel im 10. Kapitel: Man versuche ein Ding auf so vielerlei Art, bis es zuletzt geraten muß.

Was gegen die Lokalisierung der Schwänke in das obersächsische Städtchen sprechen könnte, ist die nachweisliche Herkunft vieler im Schildbürgerbuch erzählter Streiche aus anderen deutschsprachigen Landschaften wie Schwaben, Franken, dem Elsaß. Doch weiß man, daß mit der Blütezeit der Städte der Volkswitz überall seine Blüten trieb. Schon bei Fischart und Hans Sachs finden sich solche aus Orts- oder Handwerkerneckereien entstandenen Motive. Wer immer der Verfasser des Schildbürgerbuches gewesen sein mag, ein verärgerter kursächsischer Visitator von Schönberg oder ein nie entdeckter, auf Eulenspiegelart sich ausweisender: der Festung Ypsilon Bürger Amtmann, er hat es verstanden, die

Schwänke poetisch zu verklammern. Dadurch hebt sich sein Schildbürgisches Werk von den Volksbüchern des 15./16. Jahrhunderts deutlich ab. Bereits das Lalebuch – 1597 erschienen –, worin die Laleburger dieselben Streiche verüben wie in der unmittelbar folgenden Ausgabe die Schildbürger, weist eine durchgängige Handlung auf. Ob zu seiner Zeit als Pamphlet gemeint oder nicht, die Struktur des künftigen Romans in Deutschland wird hier erstmalig sichtbar.
Witzig und geistvoll die Idee, Weisheit in Narrheit zu verkehren. Der Schildbürger Entschluß, ihrer von den griechischen Weisen stammenden Klugheit zu entsagen, ist bereits ein Narrenstreich. Wie selbstironisch hingeseufzt die Leitmotive, daß die Folge von Gegenteiligem das Gegenteilige ist und daß Gewohnheit schließlich zur zweiten Natur wird.
Vielschichtig die Sache mit dem ausgesäten Salz. Was da wächst – ist es das Salz des Verstandes, Salz der Ironie? –, gerät ihnen so scharf, daß sie es nicht abernten können.
Schließlich sind die Folgen ihres Verzichts auf direkte geistige und soziale Selbstbehauptung nicht mehr abzuwenden.
Wovon sich die Schildischen einen Zuwachs an Freiheit erhofft hatten, nämlich getarnt als Narren den eigenen Gewerken unbehelligt nachgehen zu können, erweist sich als Utopie. Gedeckt durch den Freiheitsbrief des Kaisers von Utopia, verdämmert ihnen das letzte Stückchen ihrer Verstandeshelle, die Narrenweisheit, zuletzt so gründlich, daß sie ihr eigenes Verderben ins Haus holen. Womit des Verfassers poetischer Einfall auf den Gipfel getrieben ist.
Der Schalk, im ganzen Buch gegenwärtig, lüpft am tragischen Ende noch einmal einen Zipfel der Narrenkappe und zwinkert uns zu: Weit hat es sich verstreut, das närrische Völkchen. Es ist nicht mehr nur hinter den Wäldern zu Haus – das Weltnarrentum.

Ruth Kraft